AF471427

AGE

DE LA

PIERRE POLIE

DANS LES CAVERNES

DES PYRÉNÉES ARIÉGEOISES.

AGE

DE LA

PIERRE POLIE

DANS LES CAVERNES

DES PYRÉNÉES ARIÉGEOISES ;

PAR

le Docteur F. GARRIGOU, DE TARASCON (ARIÉGE),

ET

H. FILHOL.

Avec neuf planches.

PARIS,
J.-B. BAILLÈRE ET FILS,
ÉDITEURS-LIBRAIRES,
Rue Hautefeuille, 19.

TOULOUSE,
DELBOY,
ÉDITEUR-LIBRAIRE,
Rue de la Pomme, 71.

AGE

DE LA

PIERRE POLIE

DANS LES CAVERNES

DES PYRÉNÉES ARIÉGEOISES.

L'EXISTENCE de l'homme sur la terre depuis le commencement de l'époque quaternaire ancienne est un fait aujourd'hui définitivement acquis à la science. Puissante et irrésistible, la voix de la vérité a fait connaître au loin la découverte la plus considérable de notre époque, celle de l'homme contemporain de *l'ursus spelæus.*

Notre présent Mémoire n'a pas pour objet de traiter au complet la question de la haute antiquité de l'homme. Notre but est plus restreint.

Nous nous proposons de parler simplement de la période de la *pierre polie ou* PRÉ-HISTORIQUE ; de cette période de l'histoire de l'humanité ayant immédiatement suivi l'âge de la *pierre taillée, ou époque* ANTÉDILUVIENNE, et se liant aux temps historiques par *les âges du bronze et du fer.*

Tout le monde le sait aujourd'hui, les Crannoges d'Irlande, le Kjoekkenmoeddings de Danemarck, les habitations lacustres de la Suisse ou Pfahlbauten, les Terremare d'Italie, etc., sont les débris d'anciens lieux de résidence de peuples pré-historiques, et ayant peut-être vécu en même temps dans l'occident de l'Europe. Leur développement semble avoir suivi la disparition des peuples contemporains des grands ours des cavernes et du renne, et a précédé l'arrivée des Celtes.

Jusqu'en 1862, dans la plupart des pays que nous venons de citer, les recherches des Géologues et des Archéologues avaient mis en évidence l'existence d'une période pré-historique ou de la pierre polie. Pourquoi la France n'aurait-elle pas eu, comme les autres régions, ses peuples pré-Celtiques? Rien ne s'opposait à ce que les découvertes faites en Irlande, en Danemarck, en Suisse, pussent être faites aussi chez nous.

Nous avions, dès 1861, publié à l'Académie des sciences de Toulouse, nos premières recherches sur certaines cavernes de l'Ariége et de la Haute-Garonne, et nous y avions défendu avec un ami, M. Rames (d'Aurillac), la contemporanéité de l'homme et de l'ours. Il nous fallut des protecteurs comme MM. les professeurs Filhol et Joly, ainsi que d'autres vrais amis de la science, pour ne pas voir succomber nos travaux et s'éteindre nos efforts.

Les nombreuses cavernes que nous avions explorées dans l'Ariége, nous fournissaient deux faunes complétement distinctes: l'une contemporaine de l'ours des cavernes, l'autre d'apparence plus récente, ne contenant ni le renne, ni l'aurochs. Avec cette dernière avaient été trouvées par le père de l'un de nous (1), quelques années avant nos recherches, des meules en granit, en leptinite, en pegmatite, ainsi que des haches grossières, mais polies. Cet assemblage, différent de tout ce qui avait été trouvé jusqu'ici dans les grottes, restait très-difficile à classer (2).

Il demeurait évident pour nous que la civilisation des hommes contemporains de l'*ursus spelæus*, était inférieure à celle des hommes ayant vécu en même temps que les espèces plus récentes que l'ours. Il nous semblait déjà raisonnable de classer la faune de ces grottes scientifiquement inconnues au même niveau paléontologique que celle des habitations lacus-

(1) M. Adolphe Garrigou, auteur des Études historiques sur le pays de Foix et le Couseran.

(2) F. Garrigou. Lettre à M. le professeur N. Joly. — Toulouse, mars 1862.

tres de la Suisse, et de placer aussi la civilisation dont nous retrouvions les débris au même rang que celle des Pfalhbauten. Une étude comparative des objets exposés dans les musées de la Suisse, ainsi que l'opinion de quelques illustres savants Helvétiens, nous montra que nous ne nous étions pas trompés. L'âge de la pierre polie, l'équivalent des habitations lacustres de la Suisse, des Kjoekkenmoeddings de Danemarck, des Crannoges d'Irlande, etc., existait en France, dans les Pyrénées.

Le 16 novembre 1863, dans une note très-courte, nous annoncions notre découverte à l'Institut, par l'intermédiaire de notre savant confrère M. de Quatrefages ; et au mois d'octobre 1864, l'étude de la faune de ces grottes nouvelles ayant été faite sur près de 5,000 échantillons, nous donnions à la même Académie des sciences, les résultats fournis par notre étude paléontologique (1).

Depuis lors, nous avons vu nos conclusions sur l'âge de la pierre polie dans les cavernes des Pyrénées, acceptées par des savants qui sont pour nous des maîtres vénérés, et que la science honore comme ses plus illustres représentants (2).

(1) Nous ne saurions trop remercier le savant professeur de Bâle, M. Rutimeyer, du bienveillant concours qu'il nous a prêté pour arriver à faire convenablement l'étude des animaux des cavernes de l'âge de la pierre polie.

(2) M. le professeur Milne Edwards, présentait, le 29 février 1864, à l'Institut, une note de MM. Lartet et Christy sur l'âge du renne, dans laquelle ces savants s'expriment comme il suit : « MM. F. Garrigou et H. Filhol ne l'ont pas (le renne) non plus signalé dans certaines cavernes de l'Ariége, qu'ils ont justement assimilées par leurs caractères zoologiques et aussi par la présence des instruments en pierre polie, aux plus anciennes habitations lacutres de la Suisse. »

Paléontologie stratigraphique, page 106, M. d'Archiac dit : « Enfin, comme complément à ce qui précède, nous rappellerons que plus récemment encore, les mêmes observateurs (MM. F. Garrigou et H. Filhol) ont constaté dans de nombreuses cavernes des environs de Tarascon, sur les bords de l'Ariége et de ses affluents, des restes de l'existence de l'homme, qui doivent être rapportés à l'époque des habitations lacustres de la Suisse, ou anté-historique, tandis que ceux dont nous venons de parler sont pour la plupart quaternaires ou antédiluviens. — Nous aurions ainsi réuni dans ces seules vallées du bassin de l'Ariége, les éléments d'une chronologie humaine que nous n'avons encore trouvée nulle part aussi complète sur un aussi petit espace *. » *Introduction à l'étude de la paléontologie stathigraphique.* — D'Archiac, p. 445. — 1864.

* L'illustre professeur du Museum nous cite comme étant les seuls qui ayons jusqu'ici découvert en France des traces de l'âge de la pierre polie, et il donne nos conclusions.

Les cavernes de l'âge de la pierre polie occupent dans les vallées des Pyrénées une position parfaitement définie. Elles sont généralement dans la partie basse des montagnes qui limitent une vallée, le plus près possible des cours d'eau. Elles ont exclusivement été habitées à leur entrée, et l'on ne retrouve pas, à de rares exceptions près, les débris datant de cette époque dans les profondeurs des couloirs où la lumière du jour n'arrive pas. Telle est la règle générale confirmée par la plupart de nos grottes des Pyrénées.

Quelquefois une caverne a servi d'habitation à l'homme pendant deux époques paléontologiques différentes. Dans les Basses-Pyrénées, par exemple, l'un de nous et son ami, M. L. Martin, a trouvé la caverne d'Espalungue ou d'Izeste, habitée dans sa partie profonde et privée de la lumière du jour pendant l'âge du renne, et à l'entrée très-probablement pendant la période de la pierre polie.

Non loin de cette grotte, dans le même département, nous avons vu dans la caverne de Rebenach, mélangés et remaniés par les eaux, des restes d'ours, d'éléphant, d'hyène, de rhinocéros, de renne, d'aurochs, et des traces d'industrie humaine, datant des temps anté-historiques.

A notre connaissance, certaines cavernes de l'âge de l'ours, que nous n'avons pas encore décrites, pourraient bien être dans le même cas.

M. le professeur Paul Gervais, de Montpellier, a cité la grotte du Pontil près Saint-Pons (Hérault) comme contenant dans les couches inférieures les restes des animaux du commencement de l'époque quaternaire : *ursus spelæus*, *rhinoceros tichorhinus*, etc., et dans les sédiments supérieurs les traces bien évidentes de l'âge de la pierre polie.

Il résulte des recherches de MM. Brouillet et Meillet sur les cavernes du Poitou, que dans les couches supérieures des cavernes du Chaffaud, il y avait des haches en ophite polie, ainsi que des pointes de flèches et des poteries qui, pour nous, correspondent à la période de la pierre polie, tandis que les objets provenant des couches inférieures appartiennent exclusivement à l'âge de la pierre taillée et à l'époque du renne.

On peut voir ainsi que l'examen de la distribution de la faune dans une caverne, n'est pas une chose à négliger, et que l'observateur bien imbu des faits et des théories déjà connues, doit seul se charger d'une étude aussi spéciale. Il est regrettable que des collectionneurs de divers pays, en bouleversant les grottes, fassent perdre des pièces dont la science eût tiré un excellent parti.

Les grottes de l'âge de la pierre polie sont très-variablement exposées quant à leur entrée. Celles de la vallée de l'Ariége regardent tantôt le Nord-Ouest, comme la grotte de Bédeilhac; tantôt le Sud, comme celles des églises d'Ussat, de Niaux; tantôt l'Ouest, comme celle de Sabart; tantôt le Nord-est, comme celle de Lombrives ou des Échelles, etc. Les hommes qui habitaient ces cavernes, y faisaient du feu; peu leur importait une exposition aux inconvénients de laquelle ils pouvaient si facilement remédier par l'abondance des matières combustibles que fournissait le pays. Il résulte de nos observations que l'entrée des cavernes habitées à l'époque de la pierre polie, était généralement saine, sans humidité, sans courants d'air, privée de stalactites menaçant de se détacher de la voûte, en général sans stalagmites formant le sol.

Les dimensions en hauteur et en longueur de ces diverses grottes sont très-variables. La plus spacieuse et celle qui paraît avoir été habitée sur une étendue plus considérable, est la grotte de Bédeilhac. Suivant les circonstances, une seule famille ou bien une population nombreuse occupait ces habitations naturelles.

Dans le premier cas, un seul foyer suffisait pour tous; dans le second cas, il y avait sans doute autant de foyers que de familles.

L'étude de chaque grotte en particulier fera connaître les détails dans lesquels nous n'avons pas à entrer ici.

L'ensemble des faits observés nous fait supposer qu'il y avait chez ces peuples, comme chez ceux des Pfalhbauten, des pasteurs et des agriculteurs, probablement aussi quelques individus se livraient-ils à la chasse. Presque toutes les espèces de vertébrés dont nous avons examiné les débris, appartenaient à des animaux domestiques, tels que le bœuf, le mouton, la chèvre, le porc, le chien. Parmi les os cassés que nous possédons en abondance, il y en a cependant qui proviennent de loups, de renards, de blaireaux, de chats sauvages, de porc, de cerf, de bouquetins, peut-être aussi de bœuf sauvage.

Il fallait donc garder ensemble, dans les pâturages, les animaux domestiques, afin de pourvoir à leur nourriture. Il fallait aussi s'adonner à la chasse pour se procurer ceux qui vivaient à l'état sauvage. L'étude des armes nous fournira d'ailleurs des preuves indiquant que la chasse était très-probablement mise en usage chez ces peuples incomplétement civilisés.

Nous ne saurions encore dire si ces mêmes peuples pêchaient du poisson dans les lacs et dans les rivières du pays. Nul objet qui le fasse soupçonner n'a été retiré du sol de nos grottes, et parmi les restes paléontologiques qu'elles nous ont fournis, nous n'avons pas trouvé de vertèbres de poissons. Ces preuves négatives ne sauraient encore nous servir pour une conclusion.

L'agriculture devait avoir aussi un certain développement chez ces habitants des grottes. La présence dans ces lieux d'habitation de meules en divers granits, piquées, usées et pareilles à celles de la Suisse, nous montrent qu'on devait très-probablement cultiver et broyer des céréales (1).

GROTTE DE BÉDEILHAC.

La grotte de Bédeilhac est une des plus grandes et des plus belles des Pyrénées. Par les dimensions de sa voûte, qui s'élève quelquefois jusqu'à près de 80 mètres au-dessus du niveau du sol, elle rivalise avec celles de Lombrives et du Mas-d'Azil. Les stalactites de la grotte de l'Estelle ou de Betharam, dans les Basses-Pyrénées, peuvent seules être comparées aux magnifiques colonnes et aux gigantesques décors que la nature s'est plu à prodiguer dans celle de Bédeilhac.

Cette grotte est située à 1 kil. au nord-est du village de Bédeilhac, canton de Tarascon. Elle est creusée dans le calcaire crétacé inférieur de la montagne de Soudour; son entrée est majestueusement tournée vers le nord-ouest. Le talus d'éboulement de la montagne constitue, entre les deux parois

(1) Dans les vallées de Cazaux et d'Oueil, près de Luchon, les habitants se servent encore, pour moudre leurs grains, de meules semblables.

qui soutiennent la voûte gracieusement arquée, un véritable monticule qu'il faut d'abord gravir, puis descendre pour arriver à l'ouverture des deux galeries conduisant dans les profondeurs mystérieuses de cet asile.

La galerie de droite va s'ouvrir, après un parcours d'une centaine de mètres, sur le flanc de la montagne, par une entrée moins spacieuse que la précédente, et qui regarde le sud-ouest. Le sol de ce couloir est jonché d'énormes fragments de roches et de débris de stalactites tombées de la voûte; il est par suite fort inégal et difficile à parcourir.

La galerie principale a des dimensions beaucoup plus considérables.

Un sentier, à peu près uni, tracé, là sur une terre noire et argileuse, ici sur la stalagmite, plus loin sur du sable fin et des cailloux roulés, permet au touriste de visiter la grotte sans se préoccuper du point du sol où il doit poser le pied.

Les deux entrées des couloirs nous ont présenté des traces incontestables du séjour de l'homme et les indices d'une civilisation ainsi que d'une industrie encore bien arriérées, quoique plus parfaites que celles dont la grotte de Bouicheta nous a fourni les restes. Cette dernière caverne, située sur le versant sud-ouest de la même montagne de Soudour, à 100 mètres au moins au-dessus de celle de Bédeilhac, renferme les débris de l'industrie de l'homme quaternaire, ainsi que la faune accompagnant l'ours des cavernes dont il avait été le contemporain.

La grande galerie, dont nous avons déjà parlé, est constituée, quant au sol, sur plus de cent mètres de long, par un humus noirâtre contenant de l'argile, et, sur certains points, comme graisseux. Çà et là des blocs calcaires volumineux semblent implantés dans cette terre qui devait autrefois les recouvrir presque en entier. Exploité déjà depuis bien des années par les habitants du pays, comme terre d'engrais, cet humus a presque disparu sur bien des points, et avec lui sans doute les masses d'ossements cassés ou travaillés, ainsi que les instruments de pierre qu'il contenait. Un seul point de la grotte paraissait intact lorsque nous avons commencé nos recherches; nous avons employé de 15 à 18 ouvriers pendant plus d'une semaine pour conserver à la science les objets précieux que nous supposions y exister, et destinés à subir le sort de ceux qui déjà avaient disparu.

A l'entrée de la grotte, dans un point où nous avons pu porter nos investigations jusqu'à plusieurs mètres de profondeur sur le talus d'éboulement, nous avons eu l'assurance qu'il existait là un grand foyer contenant de nombreux ossements entiers ou cassés; des dents de ruminants en grande abondance; des coquilles écrasées de diverses hélices, mais principalement d'*helix nemoralis*; des fragments de meules pareilles à celles retirées par M. A. Garrigou ; des poteries très-grossières brisées en mille pièces; des os travaillés, parmi lesquels un cubitus de bœuf, sans doute, appointi en forme de poignard (*pl.* 1, *fig.* 1), etc. Tous ces objets gisaient au milieu de cendres et de charbons qui leur étaient quelquefois solidement attachés.

Des foyers plus petits semblent avoir été établis au pied de chaque gros fragment de roche, et cela dans une grande étendue de la partie médiane, sur les premirs 100 mètres dans la grotte. Le pied de la paroi gauche paraît en être privé, et sa forme, moins horizontale que le reste du sol, explique assez bien ce fait. Peut-être les habitants suivaient-ils, pour pénétrer dans l'intérieur de la caverne, le côté droit, passage naturel pour arriver dans la galerie de droite. Du reste aussi, le pied de cette paroi ne nous a pas présenté de traces de foyer. C'est encore en la suivant que les guides introduisent les visiteurs dans les profondeurs de cet abime.

Les emplacements de foyers, dont il est impossible de dire aujourd'hui le nombre, devaient être fort multipliés. Y en avait-il un principal, destiné au chef de la tribu qui peuplait la grotte de Bédeilhac, autour duquel auraient été rangés tous les autres, entretenus par chaque famille ? Rien ne le prouve d'une manière incontestable, mais il est assez naturel de le supposer.

Ce sont des amas de cendres de charbons de bois à demi-calcinés, tantôt purs, tantôt mélangés avec de la terre, contenant toujours des restes d'animaux et des débris d'industrie humaine, qui, pour nous, constituent les foyers.

Mais les foyers seuls ne recèlent pas les fragments d'os, ces antiques débris, vraies archives d'une population ignorante.

Les environs de ces amas de cendres, les coins et les anfractuosités des rochers. ainsi que l'humus lui-même, contiennent en abondance, poteries, os travaillés, instruments de pierres, restes osseux des animaux qui servaient de nourriture.

La liste des objets trouvés dans la grotte de Bédeilhac est bien fournie. Si d'abord nous énumérons les objets d'industrie humaine, nous verrons qu'il y a entre eux et certains des instruments retrouvés en Suisse, une ressemblance et même une identité presque complète.

I. *Instruments de pierre.* — Ce sont : 1° des haches, ou plutôt des espèces de massues hastiformes qui ne paraissent pas avoir été tranchantes ; le côté où devrait être le fil est mousse ; du côté opposé existe une tête en forme de marteau non anguleux. La substance employée de préférence à leur fabrication est le granit et ses variétés, venus de la vallée de Rabat ou de celle de Saurat. Ces instruments semblent être des galets dont les formes auraient été choisies avec soin, puis, peut-être légèrement modifiées au moyen de polissoirs; leur longueur est de 20 centimètres, leur poids de plus d'un kilog.

2° Des fragments de galets granitiques naturellement arrondis à l'une de leurs extrémités, et taillés grossièrement à l'autre, pouvaient se tenir à pleines mains ; leur poids ne dépasse guère 500 grammes. Nous ne possédons que trois exemplaires de chacune des deux pièces précédentes.

3° Des silex taillés, assez rares, dont les formes rappellent celles des couteaux plats que nous avons retirés de bien des cavernes de l'âge du renne, entre autres, de la caverne de Bruniquel et des foyers qui bordent le rocher sur lequel est bâti le village du même nom. Des fragments, ou plutôt des éclats bruts de la même substance, se rencontrent de loin en loin. Le silex ne paraît pas avoir été employé à la fabrication des haches.

4° Quelques rares cristaux de quartz hyalin, éclatés de manière à présenter des angles et des bords très-tranchants. Nous n'en avons eu en notre possession que deux fragments, et cependant nous avons fouillé avec soin dans l'humus enlevé du sol et mis en tas pour y chercher ce qui aurait pu échapper à un premier examen.

5° Des éclats de schistes quartzeux et de quartzites de la grandeur de la main ou plus petits, sans formes toujours bien déterminées, mais rappelant cependant un peu celle des grattoirs en silex de l'age du renne. Il n'y a pas, en général, de retaille sur les bords. Quelques-uns de ces instruments sont encore assez tranchants pour pouvoir couper la chair comme un vrai couteau.

6° De véritables haches, polies et tranchantes, en roches serpentineuses, qui ne sont autre chose que les divers ophites du pays. Nous en avons deux en notre possession : l'une ayant la forme d'un coin, mesurant 12 centimètres dans sa plus grande dimension, très-finement aiguisée dans son extrémité la plus large, se terminant par une tête mousse à l'extrémité opposée. Celle-ci paraît avoir été employée comme marteau, car elle est très-inégalement usée, et porte des élevures et des enfoncements qui ne peuvent avoir été produits que par des coups donnés sur des corps très-durs, peut-être d'autres roches serpentineuses ou granitiques. L'une des faces de cet instrument est recouverte de cendres et de charbon, qui y sont très-solidement attachés (*pl.* 8, *fig.* 3).

La seconde hache est toute petite, en ophite comme la première. Elle a la forme d'un triangle isocèle dont l'angle le plus aigu serait obliquement tronqué. La base, nettement coupée, a 4 centimètres et demi de largeur; les côtés, complétés du triangle isocèle, dans lequel aurait été inscrite la forme de la hache, auraient 8 centimètres et demi, et seraient tronqués, l'un à 3 centimètres 8, l'autre à 4 centimètres et demi de la base; le tranchant, de forme un peu courbe, rejoindrait ces deux côtés ainsi interrompus. De petits amas de plâtre remplissent les intervalles laissés par les inégalités de la pierre à l'extrémité opposée au tranchant. Un léger dépôt stalagmitique semble avoir fixé une couche de plâtre sur les faces de cette hache. Le tranchant est encore assez bien affilé. Tout l'instrument est poli.

7° De nombreux fragments et des éclats de roches ophitiques et quartzeuses jonchent le sol de la caverne; ils n'ont pas des formes définies. Leurs dimensions, considérables, puisqu'ils ont quelquefois jusqu'à un décimètre carré, indiquent qu'ils ont dû être utilisés.

8° Des plaques de grès quartzeux et micacé ont servi de polissoir et d'appareils à user la pierre. Ces plaques de grès viennent d'un lambeau de terrain crétacé supérieur, dont nous avons reconnu l'existence dans la commune de Rabat, à une heure de Bédeilhac, entre la roche de Miremont et le pic du Mount. Ces fragments de grès, ces dalles épaisses, sont usés et creusés par les instruments qu'ils ont servi à préparer.

9° Des pierres, soit calcaires, soit granitiques, enterrées dans les amas de cendres, et tellement altérées qu'elles tombent en poussière dès qu'on les en retire.

10° Des roches et des galets en diverses espèces de granites usés sur une de leurs faces, primitivement planes, atteignent des dimensions fort variables. De ces pierres, véritables meules piquées comme celles de nos moulins, les unes pouvaient se manier avec une seule main, tandis que les autres, très-lourdes et très-volumineuses, étaient sans doute fixées dans le sol. Cinq de ces instruments nous sont restés dans un état de parfaite conservation; les grosses meules que nous avons trouvées étaient toutes cassées.

A part les deux premiers instruments de pierre que nous venons de décrire, les massues ou casse-tête, et les cailloux roulés taillés de main d'homme, tous les autres ont leurs analogues et leurs équivalents dans les produits qu'ont fourni, en Suisse, les habitations lacustres de l'âge de la pierre polie.

II. *Instruments en os.* — Les plus nombreux sont des espèces de poinçons faits avec des os du métacarpe, du métatarse, des tibia, des radius ou d'autres os longs de chèvre, de mouton et de chevreuil. On peut les diviser en deux catégories : les poinçons ébauchés et les poinçons finis. Les premiers sont grossièrement taillés dans les os précités, auxquels on a eu le soin de laisser une des têtes pour que l'instrument pût être tenu à la main. C'est presque toujours la tête inférieure de l'os qui subsiste.

Les poinçons finis, achevés, peuvent se diviser en longs et en courts. Ils sont très-différents les uns des autres, ont probablement servi à des usages divers, et méritent par suite une description spéciale.

1° *Poinçons longs.* — Ils sont faits avec des métacarpiens ou des métatarsiens, fendus d'un bout à l'autre, puis insensiblement appointis, et atteignent une longueur de 12 centimètres, la partie creuse de l'os formant une vraie rigole d'un bout à l'autre (*pl.* 3, *fig.* 4). Lorsque ces poinçons étaient brisés, le bout supérieur pouvait servir à former une flèche; le bout inférieur pouvait, une seconde fois, être taillé en pointe; quelquefois, les deux fragments étaient abandonnés.

Nous possédons des stylets très-résistants, très-acérés, taillés sans doute dans des os longs de bœufs, sans que la tête de l'os ait été conservée, et dont l'examen attentif permet de supposer qu'ils étaient emmanchés.

2° *Poinçons courts.* — Ils sont taillés dans le milieu de la diaphyse des os déjà nommés. Un coup sec obliquement donné semble avoir produit sur l'os, en une seule fois, ce qu'en chirurgie nous appelons une fracture en bec de flûte. La pointe doit avoir été ensuite taillée et arrondie, comme l'indiquent certaines stries, avec un instrument plus tranchant et plus fin que celui mis en usage pour porter le premier coup. La partie affilée n'a guère plus de 3 à 4 centimètres de long; souvent elle est beaucoup plus courte.

Nous pouvons encore ranger parmi les poinçons courts un instrument fabriqué avec la partie supérieure d'un cubitus de bœuf, dont l'apophyse olécrane a été enlevée, et dont la partie de la diaphyse voisine de l'articulation est polie et présente une pointe très-épaisse. La longueur totale de cet instrument est de 13 centimètres.

Dans les instruments plats nous distinguerons ceux qui sont fabriqués avec les côtes et ceux façonnés avec les autres os.

1° *Instruments plats façonnés avec les côtes.* — Ils ont naturellement la forme allongée comme les os dans lesquels ils ont été taillés. Ce sont, en général, des côtes de bœuf ou de cerf qui ont été utilisées pour leur fabrication. L'une des extrémités est appointie; l'autre étant formée par un bord joignant, à angles droits, les deux bords naturels des côtes. Quelquefois les deux extrémités sont restées sans être appointies. On trouve les bords artificiels de ces instruments, soit mousses, soit mis en forme de ciseau avec un tranchant assez vif. Ces outils ne peuvent être mieux comparés qu'aux palettes étroites dont se servent les bouchers pour peler un bœuf, un mouton, après qu'ils l'ont tué (*pl.* 3, *fig.* 2; *pl.* 4, *fig.* 1; *pl.* 1, *fig.* 2).

2° *Instruments plats façonnés avec les os des membres.* — Souvent, après avoir fendu d'un bout à l'autre les métacarpiens et les métatarsiens, au lieu de les tailler en poinçons, on a complétement aplani la surface obtenue par cette opération, et l'extrémité de l'os a été arrondie de manière à ne présenter ni pointe ni tranchant. Les stries faites par l'instrument qui a produit cette face plane, se voient jusqu'à quelques centimètres de l'extrémité arrondie, où existe une surface tellement polie par le frottement, qu'on la croirait vernie. Ce sont là des espèces de polissoirs qu'il est facile de tenir à la main (*pl.* 3, *fig.* 7; *pl.* 5, *fig.* 4).

3° *Instruments tranchants.* — Nous avons trouvé de véritables ciseaux et des couteaux.

Les ciseaux semblent avoir été ainsi faits : un os long très-résistant, un fémur ou un humérus de ruminant adulte a été cassé en travers, puis fendu; les deux fragments ainsi obtenus ont été aiguisés à l'une des extrémités, exactement comme le sont nos ciseaux d'acier; et l'autre extrémité laissée telle qu'elle était après la cassure de l'os, aura probablement été emmanchée.

L'un des instruments les plus caractéristiques que nous possédions est un couteau à tranchant concave, comme une serpette, fait avec un fragment de défense de sanglier (*sus scrofa ferus*). Le bord tranchant de cet outil est parfaitement affilé. On peut encore en couper du bois comme avec un couteau de fer. S'il n'était pas emmanché, chose qui paraît probable, vu le poli de l'extrémité opposée au tranchant, cet instrument devait être destiné à une petite main.

4° *Instruments courbes.* — Nous n'en avons vu qu'un seul fort remarquable. C'est une sorte de gros crampon, pareil aux crochets dont les bouchers se servent pour suspendre la viande. Il est taillé, tout d'une pièce, dans un os large, très-probablement fort épais, dans l'os *innominé* d'un grand et fort ruminant sans doute. La longue branche de cet instrument mesure 12 centimètres et demi; la courbe n'a que 3 centimètres et demi à peu près; l'épaisseur, soit de l'une, soit de l'autre de ces branches n'atteint pas 1 centimètre; elles sont séparées l'une de l'autre par un intervalle de 3 centimètres, occupé par la courbure. La longue branche, jusqu'à environ 3 centimètres et demi à 4 centimètres de la courbure, est rugueuse; de petites élevures, produites par des coups donnés dans l'os avec un instrument piquant, montrent bien que les rugosités ont été produites à dessein.

Peut-être le lien servant à attacher l'instrument à un manche était-il ainsi moins exposé à glisser. Quant à la partie courbe de ce crochet, elle est parfaitement lisse et polie, ainsi que la courte branche qui se termine en pointe (*pl.* 5, *fig.* 3).

Une vertèbre lombaire de *sus*, probablement de sanglier, a été travaillée d'une manière assez curieuse. Toute la partie inférieure et postérieure du canal médullaire de cette vertèbre a été enlevée en laissant à sa place un vide en forme de quadrilatère; une simple bande osseuse très-nettement taillée relie entre elles les deux apophyses articulaires supérieures. C'était là sans doute une amulette dont nous avons retrouvé la pareille dans la grotte de Sabart P. (*pl.* 6, *fig.* 1).

La collection de M. Boucher de Perthes nous a présenté aussi une pièce de ce genre, retrouvée dans les tourbières de la vallée de la Somme; par conséquent du même âge que celles dont nous venons de parler. C'est une vertèbre cervicale de *cervus elaphus*. Sur la face articulaire supérieure du corps vertébral, est gravée, d'une manière un peu grossière, mais parfaitement reconnaissable, une figure humaine.

Une multitude d'os, simplement taillés, non polis, ont la forme de véritables pointes de flèches ou têtes de lances.

La plupart des os sont cassés. Passons en revue les diverses parties du squelette, et voyons le mode de cassure de chacune d'elles. Nous pouvons dire immédiatement que la description que nous allons donner ici avec détail s'applique aux ossements cassés de toutes les autres grottes du même âge.

Les crânes des divers animaux sont presque tous comme écrasés par un instrument contondant, qui aurait cassé les os frontaux et pariétaux. Il y en a cependant qui sont intacts, mais ils sont rares.

En général, les maxillaires supérieurs sont séparés du reste de la face; les dents sont presque toujours dans les alvéoles; très-peu de maxillaires supérieurs restent joints avec les orbites.

La partie inférieure et externe de ceux-ci a été taillée d'une façon singulière. Cette portion, détachée avec l'extrémité de l'arcade zygomatique qui se joint à l'orbite, forme une sorte de crochet probablement utilisé. Ce genre de cassure a été produit sur les ruminants de divers genres et de diverses tailles. Nous ne pouvons donner à ces pièces leur signification réelle.

Les mâchoires inférieures sont disjointes; nous n'en avons pas trouvé une seule dans laquelle les deux branches horizontales soient réunies par la symphyse. La partie supérieure, c'est-à-dire, de la branche ascendante, manque à la plupart d'entre elles, et souvent elles sont taillées comme les mâchoires d'*ursus spelæus*, de *felis* et d'*hyena spelæa* que nous avons fait connaître dans nos descriptions des cavernes de l'âge de l'ours. Pas une mâchoire inférieure n'avait ses incisives, elles étaient tombées. Il est même très-rare de trouver ces dents sur des mâchoires appartenant à de très-jeunes sujets. Une seule mâchoire de *sus scrofa palustris* nous les a présentées encore en place.

Les vertèbres sont artificiellement ouvertes de trois ou quatre manières différentes.

Souvent, le corps de la vertèbre est très-exactement et très-nettement coupé en deux parties, d'avant en arrière, l'apophyse épineuse étant restée implantée sur l'un des fragments. C'est encore ainsi que sont ouvertes les vertèbres par les bouchers lorsqu'ils divisent, pour les débiter, les bœufs et les moutons.

Fréquemment aussi ces vertèbres ont été séparées en deux d'une façon transversale, l'apophyse épineuse restant attachée à la moitié postérieure du corps de la vertèbre.

Dans ces cas, les instruments employés à cette opération ne devaient pas être des instruments tranchants. Les points de séparation des os sont tellement nets et sans cassures, qu'il y a tout lieu de croire qu'une scie a pu être employée, comme de nos jours, pour diviser, dans une seule opération, la colonne vertébrale de l'animal dans toute sa longueur.

On trouve aussi des masses d'apophyses épineuses appartenant aux vertèbres dorsales et lombaires complétement isolées et qui semblent avoir été violemment séparées du reste de la vertèbre par un coup porté avec un instrument tranchant.

Au milieu de tous ces débris, il y a de nombreuses vertèbres de toutes les régions, intactes et ayant conservé leurs apophyses.

Les sacrum sont rares, séparés des os innominés, et intacts.

Presque jamais on ne trouve une côte entière.

Les omoplates se rencontrent assez souvent, cassées, quelquefois même il ne reste plus que leur tête articulaire,

Les humérus ne sont jamais entiers, pas plus chez les grands que chez les petits ruminants ou que chez les carnassiers. Ils sont cassés dans le voisinage des têtes qui constituent les seuls débris restants de ces ossements. Ce sont à peu près les plus nombreux de ceux que l'on retrouve avec les humérus cassés de ruminants et de carnassiers; il y avait une partie inférieure d'humérus *d'ursus arctos* cassé de la même façon que les humérus d'*ursus spelæus* et de ses variétés que nous avons retirés des grottes de Lherm, de Bouicheta, etc.

Les radius et les cubitus, sont toujours séparés l'un de l'autre, à part quelques rares spécimens appartenant soit au mouton, soit à la chèvre. Il y en a beaucoup d'ouverts et de fendus dans leur longueur, probablement, comme le pensent jusqu'ici tous les naturalistes, dans le but d'en avoir la moelle, au moins pour ce qui est du radius. Leurs fragments semblent avoir été assez souvent utilisés à la fabrication des instruments. Le cubitus détaché du radius offrait déjà une arme ou un instrument piquant bien naturel. Il est extraordinaire de ne pas voir cet os plus souvent utilisé qu'il ne l'a été.

Les métacarpiens, dont on trouve des quantités considérables, ne sont que bien rarement entiers. Comme les métacarpiens de renne que nous avons trouvés à Bruniquel, à Izeste, à Lourdes, etc., ils sont ouverts dans leur diaphyse, les cassures divisant quelquefois l'os en deux parties longitudinales, d'autres fois séparant la tête du reste de l'os.

Les métacarpiens des petits ruminants ont été bien plus souvent utilisés que ceux des grands pour la fabrication des outils et des armes.

Les phalanges sont généralement divisées en deux parties égales, mais on ne peut deviner pour quel usage.

Les fémurs, les tibias et les métatarsiens, les premiers surtout, sont bien plus rares que les os du membre antérieur, ils ont été cassés, fendus et utilisés de la même manière.

Les os innominés ont subi des cassures particulières ; souvent il ne reste d'eux que la cavité cotyloïde.

Les vertèbres caudales sont rares.

Tous ces ossements portent des stries très-fines, des entailles larges et profondes, indiquant bien que la main de l'homme, armée d'instruments variés, a dû produire les divers effets que nous venons de décrire.

Parmi ces os il y en a qui ont été rongés par un carnassier dont les dents ne devaient pas être plus grosses que celles d'un chien de taille ordinaire.

Les animaux auxquels ont appartenu les débris que nous venons de citer sont :

Deux *bœufs* de la race *primigenius*, l'un grand, l'autre petit ; le *bos frontosus?* Le *bos brachyceros?* — Un *mouton* semblable à celui des tourbières- — Une *chèvre*. — Le *cervus elaphus*. — Le *chevreuil*. — Le *sus scrofa ferus*. — Le *sus scrofa palustris*. — l'*ursus arctos*. — Le *loup*. — Le *chien*. — Le *renard*.

Parmi les espèces précédentes, les deux premiers bœufs, le mouton, la chèvre, le *sus scrofa palustris* et le chien nous paraissent avoir été domestiqués.

Mélangés avec tous les débris que nous avons énumérés, gisent aussi dans les cendres et dans l'humus des fragments de vieilles poteries dont la grossièreté indique l'enfance complète de l'art. La matière première employée, est une argile très-grasse et micacée, à laquelle sont mélangés de gros grains de quartz. Cette préparation parait cuite.

La forme des vases et leurs dimensions ne sont pas très-variées. Les uns paraissent avoir eu un fond plat et une forme cylindrique. Ils devaient être assez hauts et leurs parois sont très-épaisses. Certains fragments de ces poteries, accusent pour d'autres vases une forme renflée, des dimensions plus petites que les précédentes, mais ne dépassant pas de beaucoup celles des vases de la Suisse à fond rond ou coniques reposant sur des torches. L'épaisseur des parois de ces derniers est moins considérable que celle des premiers.

La plupart d'entre eux ne sont pas tournés, ils ont été montés à la main, puis on les a plus ou moins unis en passant à leur surface un racloir qui a simplement nivelé les creux laissés par les doigts. Il n'y a pas, en général, d'ornementation. Des anses étroites, pouvant à peine recevoir le bout du doigt, garnissent leurs bords.

La face interne de ces fragments de vase est recouverte d'une croûte noire, épaisse, et qui semble avoir pénétré la substance argileuse elle-même. La face externe a la couleur rougeâtre de l'argile cuite.

Tels sont les détails que nous pouvons donner sur les faits présentés à notre observation par nos fouilles dans la grotte de Bédeilhac.

GROTTE DES ÉGLISES D'USSAT.

Cette grotte est ouverte dans la partie inférieure de l'étage liasien de d'Orbigny. Elle est située au-dessus de la première maison d'Ussat-les-Bains, que l'on rencontre en suivant le petit chemin de Tarascon.

Elle a deux entrées regardant le Sud ; quand on pénètre dans l'intérieur par la plus vaste des ouvertures, on se trouve en face de deux couloirs. Celui de droite, dont la voûte est haute et majestueuse, s'enfonce à une petite distance. C'est le moins intéressant. Si de l'entrée on se dirige vers la gauche, un véritable fond d'entonnoir obscur et profond se présente à la vue. C'est là qu'il faut descendre, au milieu d'un cailloutis peu commode, pour arriver, après une centaine de pas, en face d'une seconde entrée qui primitivement devait être fort élevée, mais que le talus d'éboulement a presque comblée aujourd'hui. Il faut monter le plan incliné formé par ce talus pour sortir de la grotte en se tenant courbé, car la voûte touche presque le sol.

Des couloirs accessoires, peu profonds mais qu'on ne peut parcourir qu'en rampant, existent çà et là entre les deux ouvertures. Sur plusieurs points, d'énormes blocs de calcaire occupent une large place à la surface du sol.

L'entrée principale nous a présenté des vestiges d'habitation, foyers, ossements cassés, etc. Mais c'est surtout à l'ouverture, aujourd'hui presque comblée, que nous avons trouvé les principales pièces.

C'est sous le talus d'éboulement que l'on commence à trouver des os, des meules, des haches, etc., dans un humus argileux et noirâtre comme celui de Bédeilhac. Il faut remuer une quantité prodigieuse de matériaux pour découvrir ces objets, et les cailloux que l'on enlève au talus trouvent difficilement à être placés ailleurs. La prudence est nécessaire dans le déblaiement. sans cela on est exposé à être enseveli sous des masses rocheuses mouvantes.

Ce n'est qu'en creusant assez profondément dans la terre, qu'on rencontre des emplacements de foyers. Ils sont difficiles à suivre. Néanmoins, la quantité d'ossements et d'objets travaillés en pierre ou en os qui ont été retirés de la grotte des églises d'Ussat est considérable.

Nous avons pu y étudier les pièces suivantes :

I. *Instruments en pierre.* — 1° Une hache polie en roche serpentineuse, à peu près pareille à celle de Bédeilhac. Elle gisait tout près d'un polissoir en grès pareil à ceux déjà décrits et qui était assez profondément usé.

2° Des cailloux éclatés, à bords très-tranchants non polis.

3° Des cailloux roulés plus ou moins arrondis et qui étaient d'un usage encore inconnu pour nous.

4° Des meules soit entières, soit fragmentées, telles que celles de Bédeilhac, toutes en diverses variétés de granite. L'une d'elles est assez singulière. Elle présente un creux dans lequel on peut enfermer à moitié le poing fermé.

II. *Instruments en os.* — Nous avons retiré peu d'instruments en os de la grotte des églises d'Ussat ; nous n'en avons eu que deux à notre disposition. Ce sont d'abord un poinçon fait avec un tibia de ruminant ; il est tellement long qu'il peut avoir servi de poignard. (Pl. 5, fig. 1.) Puis une aiguille en os peu épais. Elle est fort acérée, n'est percée à aucune des extrémités, et constitue l'un des rares spécimens de ce genre que nous possédions. (Planche 5, fig. 2.)

Une vertèbre dorsale de ruminant avait dû être employée pour un usage particulier. Son apophyse épineuse portait une série d'entailles successives, absolument comme une vraie marque sur lesquelles les boulangers inscrivent au moyen d'un trait la quantité de pain qu'on leur prend.

Les crânes entiers de mouton et de chèvre sont ici bien plus fréquents que partout ailleurs. On en trouve cependant des fragments assez nombreux. La partie externe des orbites a été, comme à Bédeilhac séparément détachée du crâne.

Des fragments de bois de cerf, artificiellement détachés du crâne, ont été ramassés par des curieux et des visiteurs.

Les mâchoires inférieures sont assez régulièrement privées de leur branche ascendante. On en trouve beaucoup, portant leurs dents molaires, mais les incisives sont détachées. Les os des autres parties du corps sont exactement cassés comme nous l'avons déjà dit dans notre précédente description. Beaucoup d'entre eux portent les traces des instruments tranchants et contondants qui ont servi à les dépouiller de leur chair et à les casser.

Les espèces auxquelles ont appartenu tous ces restes, sont le *bœuf*, la *chèvre*, le *mouton*, le *cervus elaphus*, un *ruminant* fort curieux, qui n'est ni un bouc, ni un bouquetin, quoique par la puissance de son crâne, il se rapproche beaucoup de celui-ci ; le *sus scrofa palustris*.

Avec ces ossements et ces objets travaillés, existent de rares fragments de poterie, pareille, quant à la forme, quant à la substance et quant à la couleur, à celles qui proviennent de Bédeilhac.

Nous devrions actuellement remonter la rive droite de l'Ariége et la vallée d'Ussat jusqu'à l'entrée du joli vallon de Bouan, afin d'arriver à la grotte de Fontanet. De là, pour épuiser la description des grottes de la vallée d'Ussat, nous devrions traverser la rivière au pont d'Ornolac, puis visiter en passant la grotte de Lombrives. Mais ces deux cavités n'ayant fourni, pour le moment, que des restes moins complets ou plus difficiles à classer que ceux des grottes qui nous restent encore à examiner, nous ne les étudierons qu'après avoir décrit ces dernières.

GROTTE DE SABART (POUNCHUT).

La grande grotte de Sabart, appelée dans le pays grotte du *Pounchut*, du nom de son propriétaire, mériterait un nom caractéristique, celui de grotte des colonnes. Elle est située à l'entrée de la vallée de Niaux, à un kilomètre à peu près du petit village de Sabart. Pour y arriver, on prend sur la gauche de la route de Vic-de-Sos, quelques pas après une misérable auberge, le sentier conduisant à la spacieuse ouverture qui frappe les yeux de l'étranger, déjà même avant qu'il soit arrivé, par la route de Foix, à la petite ville de Tarascon. On monte péniblement sur des cailloux aigus et mobiles le flanc de la montagne jusqu'à la grande ouverture que nous venons de signaler; on traverse, vers la droite, une vaste salle faisant partie d'une grotte que nous décrirons bientôt sous le nom de grotte inférieure de Sabart. Il suffit de quelques pas pour trouver une seconde ouverture servant de sortie. Un sentier disparaissant quelquefois sous les ronces et les bois qui seuls en ce point couvrent les roches arides, conduit sans trop de détours jusqu'à l'entrée de la grotte du Pounchut : entrée peu imposante, si nous la comparons à celle de Bédeilhac, offrant un contraste remarquable avec les belles proportions de la voûte traversée plus bas pour arriver jusqu'ici.

L'entrée de cette grotte a été habitée à l'époque de la pierre polie. Les restes de foyers sont dressés dans les coins latéraux de la première salle que le jour devait éclairer aussi bien que celle de Bédeilhac, car alors le talus d'éboulement artificiel ou naturel n'obstruait pas l'ouverture comme de nos jours. Cette chambre est au moins cent fois plus petite que la grande salle de Bédeilhac. Le sol dans lequel nous avons trouvé cendres, ossements cassés et travaillés, débris variés de l'industrie humaine, n'était pas horizontal pendant que l'homme habitait ces lieux. Tout prouve qu'une pente générale vers l'intérieur de la grotte existait dans toute la partie habitée, et même au delà. Avait-elle été aménagée d'une manière artificielle, ou bien était-ce là un simple accident naturel? C'est ce qu'il est difficile de préciser.

Ici, comme dans les autres grottes, les objets travaillés de main d'homme, soit en pierre, soit en os, ont été on ne peut plus abondants. Fouillé en certains points jusqu'à plusieurs mètres de profondeur, la terre nous a constamment fourni les mêmes objets appartenant à une époque unique, celle que nous décrivons.

Cette terre est un humus à peu près pareil à celui de Bédeilhac, moins gras peut-être, et moins noir. Les cendres lui sont souvent mélangées d'une manière intime ainsi que les fragments de charbon. Des quantités de coquilles d'*helix nemoralis* gisaient dans un foyer situé sur la gauche en entrant. Nous en avons rencontré plusieurs fragments épars.

A la façon dont les cendres étaient distribuées, nous devons supposer qu'il y avait probablement plusieurs emplacements de foyers que le temps et les agriculteurs ont fait peu à peu disparaître, comme à Bédeilhac.

Les instruments en pierre sont des haches, grandes et petites en roches serpentineuses, des éclats de schistes siliceux, des silex taillés dont nous avons retrouvé de rares éclats, des meules en granite; des pierres granitiques, ayant servi à asseoir et à monter le foyer, sont complétement calcinées et se désagrégent à l'air avec une facilité bien plus grande encore que celles de Bédeilhac. De nombreuses plaques de grès, les unes profondément usées, les autres moins, indiquent une habitude que nous connaissons déjà, celle qu'avaient ces peuples de polir, soit leurs outils, soit leurs armes.

Un caillou roulé calcaire, ovoïde, a subi un commencement d'usure par frottement. D'après la forme qu'on lui a donnée et d'après les facettes qu'on avait commencé à dessiner, il est certain qu'on voulait transformer ce caillou en petite hachette (pl. 6, fig. 2 et 3). C'est le seul exemplaire de hache calcaire que nous connaissions.

Les instruments en os sont exactement les mêmes que ceux décrits jusqu'à présent. Poinçons larges et courts, polissoirs, ciseaux, pointes de flèches, pointes de lance très-effilées. Chose très-curieuse, l'une d'elles est faite avec un fragment de radius humain !

De nombreux métacarpiens et métatarsiens de ruminants ou même de porc, ont subi une première ébauche, sans doute pour être plus tard transformés en instruments divers.

Parmi les instruments achevés, il y en a trois surtout qui ont attiré notre attention. Ce sont :

1° Une omoplate de ruminant taillée de manière à ce que les surfaces formées de chaque côté de l'épine, par les fosses sus et sous-épineuses présentent des bords également distants, et allant à la rencontre l'un de l'autre en formant un angle aigu, correspondant à l'articulation scapulo-humérale. Le bord interne ou spinal de l'os est coupé de manière à former un bord artificiel, parallèle au bord naturel, du moins d'après ce que l'on peut juger par l'état actuel de la pièce, L'épine de l'omoplate formant un relief très-incommode a été enlevé au moyen d'une scie, dont les dents ont laissé sur l'os une série de traits pareils à ceux qu'une scie de fer laisse sur le morceau de bois qu'elle a divisé. On avait ainsi une omoplate complétement transformée en fer de lance, capable de produire des blessures larges et profondes.

2° Le second outil, est fait aussi très-probablement avec une portion d'omoplate privée de son épine. Il a une forme quadrilatère, se terminant antérieurement par un bord tellement aplani qu'il est presque tranchant, l'une des surfaces étant légèrement creusée. La partie postérieure manque. Comme la pièce précédente, celle-ci a été cassée par l'un des ouvriers qui fouillaient sous nos yeux. C'était peut-être là une sorte de spatule ou de cuillère comme nous n'en avions jamais trouvé dans aucune grotte.

3° Un poinçon a été taillé dans la diaphyse d'un os long de ruminant. Les têtes de l'os sont enlevées, l'os est creux dans une moitié de sa longueur, tandis que l'autre moitié est affilée et terminée par une pointe.

Une vertèbre de ruminant nous a présenté le même genre de travail que celle dont nous avons donné le dessin au sujet de la grotte de Bédeilhac.

Des andouillers de cerf étaient probablement destinés à devenir des poignards ou à armer des lances. Ils portent l'empreinte parlante et ineffaçable d'un instrument tranchant dirigé par une main habile et vigoureuse, qui d'abord les a séparés du reste du bois, pour en aiguiser ensuite les extrémités.

Les cassures des os ne sont autre chose que la répétition de ce que nous avons vu à Bédeilhac, de ce qui existe partout. Des crânes ouverts, d'autres entiers, des os longs fendus d'un bout à l'autre ou bien cassés le plus souvent près de la tête, des vertèbres divisées comme nous avons eu déjà l'occasion de le dire, tel est l'état dans lequel on trouve la plupart des os de ruminants de la grotte de Sabart. Parmi eux, cependant, il y en avait un bon nombre d'intacts.

Sur deux mille pièces que nos fouilles nous ont données, nous n'avons eu que peu de mâchoires et peu de dents ; aussi la détermination des espèces animales a-t-elle été pour nous un vrai sujet de difficulté. Nous n'oserons donc rien avancer sur la plupart d'entre elles. Quant aux genres, voici ceux que nous avons pu y déterminer : Le *bœuf*, le *cervus elaphus?* le *mouton*, la *chèvre*, le *sus scrofa ferus*, le *sus palustris* domestiqué, un *chien*, plusieurs *oiseaux*, l'*helix nemoralis*.

Les os des deux espèces de *sus* nous ont paru fort abondants.

Quant aux fragments de poterie, ils étaient très-nombreux et fabriqués avec les mêmes substances et dans la même forme qu'à Bédeilhac. Un spécimen s'est trouvé parfaitement entier dans une fouille postérieure à la nôtre.

GROTTE INFÉRIEURE DE SABART.

La grotte inférieure de Sabart est celle que le lecteur vient de traverser avec nous pour arriver à la grotte du Pounchut. Nous l'avons déjà à moitié décrite. Son entrée large et élevée regarde le Nord. Elle est composée du compartiment de droite que l'on traverse pour aboutir à la seconde ouverture, et d'une salle inférieure à l'entrée principale. Le tout est parfaitement éclairé par la lumière du jour. Le sol de cette grotte semble avoir été remanié à une grande profondeur sur certains points, et ce remaniement ne paraît pas remonter à une très-haute antiquité.

Nous avons néanmoins retrouvé dans certaines parties intactes les mêmes espèces animales que celles précédemment indiquées. Les os de ces animaux étaient cassés, ouverts longitudinalement, mélangés à des cendres et à du charbon.

Les ossements travaillés et polis y sont très-rares, nous n'en avons qu'un seul échantillon, une pointe d'os taillée et unie par le frottement. Nous y avons trouvé quelques pointes de flèches en os simplement taillées.

Des fragments de meules et des plaques de grès usées gisaient çà et là sur le sol, au milieu des cailloux.

La faune bien restreinte de cette grotte est composée d'un bœuf, du mouton, de la chèvre, du blaireau, du renard, d'un chat très-probablement sauvage.

Il ne vaut pas la peine d'insister plus longtemps sur un gisement qui nous a paru bien pauvre et peu intéressant.

PETITE GROTTE DE NIAUX.

Quittant le hameau de Sabart, nous devons suivre la route en remontant la Rivière de Vic-de-Sos, pour arriver, après une demi-heure de marche, au village de Niaux. Dans le massif de calcaire liasien qui limite la rive droite du cours d'eau que nous venons de nommer, existent trois grottes.

La plus longue, celle que les visiteurs demandent ordinairement à connaître, est la grotte de Niaux ou grotte du *Turc*. On y entre par un couloir étroit, constamment fermé au moyen d'une porte. Cette grotte est immense ; plusieurs couloirs latéraux la rendraient très-difficile à parcourir sans un guide la connaissant à fond. Elle se termine par un lac assez profond, mais peu étendu. Nous n'avons pas à nous y arrêter, car les monceaux de sable fouillés ne contenaient pas le moindre ossement, pas la moindre pierre taillée ou polie. Les deux autres cavités que nous allons étudier, sont la petite grotte et la grande grotte de Niaux. En général, elles ne sont visitées par personne ; leur accès est très-difficile, dangereux même à certaines époques, à cause des blocs de roche qui souvent se détachent de la montagne, et tombent à leur entrée.

Montons d'abord à la petite grotte. Le chemin de la métairie d'Albiéch, vers le milieu et sur la gauche du village de Niaux, en indique la direction. En quelques instants nous atteignons le pied du talus d'éboulement qui règne jusqu'à l'entrée de la caverne. Là se présente un couloir dirigé dans le sens N.-E., son ouverture regardant le S.-O. Après quarante mètres environ, la direction de la grotte change et tourne à droite. Des parois régulièrement étagées s'élèvent à une grande hauteur, et rappellent les grottes des environs de Bruniquel. Dans certains points, plusieurs couloirs sont superposés, et l'on peut pénétrer dans trois galeries différentes.

L'entrée ne nous a paru contenir que l'emplacement d'un seul foyer, du moins dans le considérable lambeau de terrain que nous avons creusé jusqu'à deux mètres de profondeur en moyenne.

Ce foyer occupait, presque en entier, l'espace enclavé entre les deux parois latérales de la grotte. Celles-ci sont naturellement usées environ à deux mètres cinquante au-dessus du sol, de manière à simuler une sorte de trépoir horizontal, large de un mètre cinquante au moins, et accompagnant les parois jusqu'à l'entrée du couloir de droite. Cette entrée peut avoir aussi contenu des foyers; nous y avons en effet trouvé des cendres profondément enfermées dans l'humus très-argileux.

Pendant plusieurs semaines, de nombreux ouvriers ont défoncé le sol de la grotte. Nous les avons dirigés nous-même, comme toujours, sans les perdre de vue un seul instant. Le résultat de nos fouilles a surpassé notre attente. Les objets trouvés ont été nombreux, très-intéressants à étudier, et les instruments travaillés ont présenté quelques particularités que nous n'avions pas vues ailleurs. Il vaut la peine de les décrire avec détail.

Comme dans les autres grottes, les premières couches que l'on ait à traverser sur le sol, sont composées de cailloux calcaires aigus et tranchants, atteignant des proportions fort variables et des poids très-divers, depuis quelques grammes jusqu'à plus de cent kilogrammes. Parmi ces éclats de roches formant le prolongement horizontal du talus d'éboulement, s'aperçoivent de loin en loin des fragments de galet roulés granitiques, quelques-uns même sont entiers; des os cassés, gisant épars sur le sol entre les cailloux, attirent aussi la vue de l'explorateur. Sous ces cailloux très-inégalement répandus, un œil habitué devine déjà l'humus caractéristique de nos grottes de l'âge de la pierre polie. Ici, cet humus, à la surface surtout, était très-argileux. Les cailloux calcaires une fois ramassés et portés à l'extérieur, nous avons entamé le sol. Chaque coup de bêche amenait une pièce intéressante. Il nous fallait des ouvriers dressés et soigneux comme ceux que nous employons pour ne rien abîmer et ne rien casser avec leurs instruments. Malgré la difficulté d'y parvenir d'une manière complète, nos travailleurs ont manœuvré si patiemment et avec tant d'adresse, que le succès de notre fouille a été complet. En voici les résultats :

1° Des éclats de silex, peu nombreux il est vrai, mais parfaitement caractérisés.

2° Deux cristaux de quartz hyalin, éclatés comme à Bédeilhac, et présentant des angles et des bords tranchants.

3° De nombreux éclats de schistes quartzeux de diverses grandeurs, ainsi que des fragments de cailloux roulés de serpentine et d'ophite.

4° Des haches en schiste lidienne ou en serpentine, parfaitement polies, souvent ébréchées sur leurs faces, quelques-unes sont encore très-tranchantes. Leurs dimensions sont variables comme à Bédeilhac ; il y en a d'aussi grandes et d'aussi petites que dans cette dernière grotte.

Leur forme varie aussi : les unes sont plus larges et moins longues que les haches cunéiformes de Bédeilhac et d'Ussat, les autres sont un peu ovales et rentrent complétement dans les haches à formes connues.

5° Des polissoirs en schistes siliceux, de forme allongée, légers, pouvant être tenus à la main, faciles à manier, ressemblant beaucoup, quant à leur forme, aux pierres dont les moissonneurs se servent pour aiguiser leurs faux. Ces pierres présentent quatre surfaces un peu bombées, polies, et uniformément usées. Leurs extrémités sont arrondies.

6° Des plaques de grès quartzeux et un peu micacés ayant servi de polissoir pour les haches et les autres outils.

7° Des pierres ayant servi à la construction des foyers, qui s'altèrent et s'effritent au contact de l'air.

8° Des meules en granite et en syénite dont les dimensions varient entre soixante à soixante-dix centimètres et un ou deux décimètres. Les unes sont allongées, les autres rondes. Il y en a qui sont creusées en long par l'usage qu'on en a fait, d'autres sont creusées en rond, d'autres enfin offrent une surface usée d'une manière uniforme et sans creux. Les petites meules, celles qui ont pu être facilement maniées avec une seule main, présentent des plans d'usure uniformes et horizontaux. Il y en a cependant dont les surfaces qui ont servi à frotter, semblent être légèrement convexes. Toutes sont piquées à la façon de nos meules actuelles. Elles sont parfaitement semblables aux meules retirées des grottes de Bédeilhac et de Sabart, ainsi qu'à celles qui viennent des lacs de la Suisse.

9° Nous devons spécialement mentionner parmi les instruments en pierre, quelques pièces dont nous n'avons pas encore trouvé les pareilles. Ce sont des fragments allongés de schistes agilo-siliceux, aiguisés à leurs extrémités en forme de couteaux,

Le n° 1 (planche 7, fig. 8) était très-probablement une pointe de flèche usée à sa partie inférieure, pour être introduite à l'extrémité d'un morceau de bois, et parfaitement apointie à l'extrémité supérieure, comme l'attestent encore les plans usés qui existent sur les côtés et à la pointe qui manque actuellement.

Le n° 2 (planche 7, fig. 9) est un vrai couteau tranchant à la partie supérieure, à la façon d'un tranchet de cordonnier. L'extrémité inférieure est polie sur l'une des faces, et rendue tranchante par ce polissage.

Le n° 5 est une espèce de ciseau tranchant seulement dans l'une de ses extrémités. (Planche 7, fig. 10) Ces deux derniers instruments se tiennent facilement dans la main.

A la même planche, fig. 3, l'on voit encore une sorte de couteau racloir, dont une extrémité effilée devait être sans doute engagée dans un manche.

Les instruments et les outils en os nous ont offert à peu près les mêmes variétés que dans les autres grottes, et de plus, nous avons trouvé dans le sol de la petite grotte de Niaux, des spécimens et des types tout particuliers fort curieux dans leurs formes.

Les poinçons de toutes les dimensions existaient en très-grand nombre, toujours taillés, toujours appointis comme nous l'avons dit plus haut. Ils ne nous ont présenté rien de particulier. Il en existait un, fait avec le tibia d'un oiseau de la taille du geai. Dans leur nombre, s'est trouvé une véritable aiguille en os, beaucoup plus fine que celle d'Ussat, mais sans être percée d'un trou.

Les instruments plats ont été assez abondants. Ils sont exactement les mêmes qu'à Bédeilhac, quant à leurs formes générales. Cependant certains ont des contours plus élégants, des courbures plus gracieuses. Ceux fabriqués avec les côtes sont dans ce cas.

Nous avons trouvé un polissoir tout particulier, taillé dans une côte très-épaisse, appartenant peut-être à un grand bœuf sauvage. Cet outil a une longueur de onze centimètres environ. La côte qui a servi à le fabriquer, a été cassée d'abord d'une façon indéterminée, puis à onze ou douze centimètres de cette première cassure en a été produite une seconde oblique par rapport aux faces de la côte. C'est cette extrémité ainsi formée par une surface oblique qui a été usée, aplanie et transformée en polissoir. Un trou traversant l'os dans toute son épaisseur en un point situé à égale distance des deux extrémités, servait probablement à passer un lien pour suspendre l'outil.

Il y avait encore des os longs de ruminants de forte taille, ouverts dans toute leur longueur, usés et polis à l'une de leurs extrémités conservée encore parfaitement tranchante. C'étaient probablement des ciseaux semblables à ceux de Bédeilhac,

Un bois de chevreuil appointi soigneusement à son extrémité, non avec un instrument tranchant, mais par usure et par frottement, pouvait servir de poignard. Dans une main vigoureuse, cet outil serait aujourd'hui encore une arme défensive, solide et redoutable.

Deux pièces remarquables sont des temporaux de ruminants dont l'articulation avec les frontaux a été usée et rendue parfaitement plane. La forme naturellement creuse de la partie interne de ces os rend leur usage très-facile à définir. C'étaient ou des cuillères, ou des vases pour boire. Dans aucune autre grotte, nous n'avons trouvé d'outils pareils à ceux-ci ; nous ne pensons pas qu'on en ait retrouvé ailleurs que dans cette station de l'âge de la pierre polie.

Les os simplement taillés en forme de pointe de flèche et de lances n'étaient pas rares dans la petite grotte de Niaux. La partie inférieure et externe des orbites avait été fréquemment détachée.

Les os longs et courts étaient aussi cassés de la même façon que ceux des autres grottes. Quelques-uns nous ont présenté des marques particulières qui nous ont mis à même de juger la façon dont on les cassait On tenait sans doute l'os d'une main, puis avec un instrument tranchant, souvent mal aiguisé, on frappait sur le point où l'on voulait produire la cassure.

Parmi les os fragmentés, certains ont été rongés par un carnassier, le chien, sans doute, après que l'homme les a eu cassés.

Au milieu de ces débris des os d'oiseaux réduits en morceaux tellement petits qu'il nous est simplement permis de dire que probablement ils appartiennent à des oiseaux de diverses espèces et sûrement des individus de diverses grandeurs. Nous croyons cependant pouvoir avancer, quoique avec réserve, que le coq de bruyère, vivant encore dans les sapinières du pays, a été mangé par l'homme de la période anté-historique que nous étudions

Nous ne pensons pas que parmi les débris examinés, il en existe qui proviennent de gallinacés domestiques. Quelques fragments de tibias un peu longs pourraient bien appartenir à des échassiers. Mais tout cela ne peut être affirmé sans des pièces significatives, rares et difficiles à conserver, vu l'état fragmenté dans lequel on les trouve.

Il existait dans l'humus, à une profondeur de plus d'un mètre, quelques fragments de coques de noisettes, et de très-rares noyaux de cerises sauvages.

Plus de deux cents *helix nemoralis* étaient rassemblées dans une portion de la grotte qui paraissait avoir été voisine du foyer. Sur ce point, il y avait en effet un mélange de cendres et d'humus. Des particules épaisses de charbon et des cendres sont restées attachées, dans certaines circonstances, à ces coquilles d'*hélix*.

L'ensemble des animaux dont nous avons pu déterminer les espèces dans la petite grotte de Niaux, sont :

Le *bos primigenius*, de petite taille. — Un *bœuf* probablement de la même race, mais plus grand. — Le *bos bachyceros ?* — Le *bos frontosus ?* — Le *cervus elaphus ?* — Le *chevreuil*. — Le *mouton* des tourbières. — Un animal plus grand, *mouton* ou *antilope ?* — La *chèvre*. — Le *sus scrofa ferus*. — Le *sus scrofa palustris*. — Le *chien*, un peu plus grand que le chien des tourbières trouvé par M. Rutimayer. — Le *loup ?* — Le *chamois*. — Le coq de *bruyère*. — Plusieurs espèces d'*oiseaux*, peut-être un *échassier ?* — L'*helix nemoralis*.

Les fragments de poteries sont aussi petits que dans les autres grottes, toujours fabriqués d'une manière aussi primitive avec la même argile. Leur forme ne peut être devinée au moyen des débris que nous possédons. Il y a des morceaux munis d'anses tantôt fort petites, tantôt assez larges pour être prises à pleine main. La pâte contient de gros grains de quartz, et a été cuite. A l'extérieur il n'y a pas d'ornementation, et l'on voit positivement que ces poteries n'ont pas été tournées. L'intérieur, comme cela avait lieu pour les autres grottes, est recouvert d'une couche noire qui semble avoir pénétré la pâte elle-même. Cette couche et sa couleur persistent malgré un lavage prolongé.

Il y a des fragments plats d'une terre argileuse cuite, qui semblent avoir été percés, mais ils sont tellement petits qu'il n'y a pas possibilité de les décrire. Ce n'est que par la comparaison avec des pièces appartenant à la grotte suivante, que nous avons pu décider que c'étaient là des débris de pesons de fuseaux.

Au-dessous de la petite grotte de Niaux, existe un couloir peu profond dont l'entrée a été habitée comme celle de la grotte. Quelques personnes à peine pouvaient y séjourner ensemble. Le sol de ce couloir nous a fourni des ossements, appartenant à peu près aux mêmes espèces que celles décrites dans la grotte ; ces ossements étaient cassés de la même façon, mais aucun n'était travaillé en outil. Il y avait aussi des fragments de poteries grossières.

GRANDE GROTTE DE NIAUX.

Le nom de grande grotte de Niaux a été donné à l'immense salle dont l'ouverture béante regarde la vallée de Vic-de-Sos. Elle est située à quelques cent mètres au nord de la précédente, et un peu plus haut dans la montagne. Son abord est très-difficile.

Nous avons à citer dans cette caverne quelques instruments particuliers. Quoique ces instruments n'aient pas encore été trouvés conservés en aussi bon état dans d'autres grottes, cela ne veut pas dire qu'on ne les y retrouve pas. Bien au contraire, les grottes que nous décrivons étant du même âge, les objets recueillis, lorsque les grottes auront toutes été visitées à fond, seront à coup sûr les mêmes. En outre des objets précités dans les autres descriptions, il y a eu : 1° des haches en serpentine et en schistes argilo-siliceux, toutes très-tranchantes ; 2° de longs couteaux comme des tranchets de cordonnier, en même substance que les haches ; 3° des cailloux roulés presque ronds ayant subi un commencement d'usure, indiquant qu'on voulait les percer, et ressemblant tout à fait aux poids en pierre des Pfahlbauten, destinés à tendre les cordes des métiers à tisser ; 4° de véritables pesons de fuseaux en terre argileuse fine et cuite.

Des bois de cerf taillés de manière à obtenir de véritables poignards avec les andouillers les plus forts. D'autres coupés, ou plutôt sciés quelques centimètres au-dessus de la base, de manière à présenter trois surfaces, dont l'une correspond à la base ou bois, tandis que les deux autres sont formées par les sections des deux andouillers. Chacune de ces trois surfaces est creusée de manière à recevoir un outil, en général une hache. Un trou complétement cylindrique traverse par le centre ce bois ainsi travaillé, de manière à recevoir un manche solide. C'est là une représentation exacte de certaines emmanchures d'instruments retrouvées en Suisse.

De larges côtes sont taillées comme de vrais couteaux ; une partie supérieure, longue de douze centimètres, est tranchante d'un côté, mousse de l'autre ; la partie inférieure sert de manche et a une longueur de huit centimètres au moins. D'autres fois cette partie inférieure est terminée par une pointe.

De petites plaquettes rondes en argile fine et cuite, sont percées dans leur centre, et sont exactement pareilles aux pesons de fuseaux retrouvés en Suisse. C'est à des outils pareils qu'il faut rapporter les fragments trouvés dans la petite grotte de Niaux et à Bédeilhac.

Un seul bois de chevreuil était taillé, puis aiguisé en forme de stylet très-pointu.

Dans les foyers, étaient deux coquilles de mer de l'époque actuelle, une *olive* ressemblant à la *cerpta*, et une valve inférieure de la *moule comestible*. Un vase à fond rond et en terre cuite fine indique l'usage des torches comme support.

La faune était composée du *bos primigenius* de petite taille, du *primigenius* de grande taille, un fragment de crâne se rapportant probablement au *frontonus* du *chevreuil*, du *cervus elaphus*, de la *chèvre*, du *mouton*, du *sus scrofa ferus* et *palustris*, de l'*helix nemoralis*.

GROTTES D'ALLIAT.

Sur le bord opposé de la rivière de Vic-de-Sos, est situé un village nommé Alliat, tourné vers les deux grottes que nous venons de décrire. Ce village a donné son nom à quelques excavations que l'on trouve en descendant la vallée. Ces excavations très-peu spacieuses nous ont offert des vestiges d'habitations humaines pendant l'époque de la pierre polie. Elles nous ont fourni les débris d'une faune moins complète que celles des grottes jusqu'ici décrites, mais composée par les mêmes espèces. Il y avait des traces de foyers, pas d'instruments travaillés.

Elles n'ont offert aucun caractère particulier qui méritât une description spéciale.

GROTTE DE LOMBRIVES.

Nous devons maintenant, comme il a été dit plus haut, rentrer dans la vallée d'Ussat, et examiner les grottes de Lombrives et de Fontanet.

La première, également appelée grotte des Échelles, est située dans la montagne de Lombrives, sur la rive gauche de l'Ariége, en face de la grotte des églises d'Ussat et de l'établissement thermal. Elle s'ouvre dans les calcaires jurassiques dénudés à près de cent mètres au-dessus du fond de la vallée. Quoique très-grande, son entrée ne peut être vue de la route, car le talus d'éboulement de la montagne la cache à tous regards. A la saison des eaux, cette large cavité est parcourue par de nombreux visiteurs.

Des légendes fort anciennes, des récits de vieux auteurs ont permis à l'un de nous de faire l'histoire de cette grotte (1), la seule du reste dont il soit longuement parlé dans les descriptions du pays.

« L'entrée de cette caverne, dit un historien du XVIe siècle, *Elias Appamiensis*, est étroite et l'on n'y arrive qu'avec le secours de plusieurs échelles. Ceux qui y pénètrent y trouvent, en entrant, de vastes salles, dont les voûtes, creusées dans le roc, présentent un ravissant spectacle, qui ne laisse pas que d'inspirer la terreur. On parcourt avec hésitation et difficulté un espace de cinq à six stades, peut-être plus. A mesure que l'on s'enfonce dans ces épaisses ténèbres, la frayeur devient telle qu'on est tenté de retourner sur ses pas. Il en est qui prétendent qu'une énorme quantité d'or est cachée depuis des milliers d'années au fond de la caverne, trésor, s'il est permis

(1) Histoire et description de la grotte de Lombrives. F. Garrigou. — 1862. Toulouse.

de le croire, qu'aucune force humaine ne saurait enlever, car un démon, vigilant gardien, en a la surveillance. On y découvre des corps humains qui, au premier aspect, semblent encore respirer, mais dont les ossements tombent en poussière dès qu'on les touche. Tels sont ces lieux, visités par bien des curieux, sur le rapport desquels je n'hésite pas à établir mes descriptions. »

« Un autre auteur de la même époque, Holagraï, s'étendant dans sa narration sur les merveilles du pays, cite ces grands ossements des cavernes; qu'il invoque comme marquant une grande antiquité, et dans un passage où il parle de la grotte de Lombrives, il dit:

> Ce roc cambré par art, par nature et par l'aage,
> Ce roc de Tarascon hebergea quelquefois
> Les géants qui couroyent les montagnes de Foix,
> Dont tant d'os excessifs rendent seur témoignage.

» Vers le XIIIe siècle, les grottes de l'Ariége furent appelées par les écrivains des *Spoulgas*, et elles servaient alors à de simples divisions territoriales (1).

» Si l'entrée de certaines cavernes a servi d'asile à des hommes, il eût été difficile à un être humain quelconque d'en habiter les cavités les plus reculés. A Lombrives, par exemple, l'air des couloirs du fond de la grotte est tellement saturé d'humidité, que là même où il ne coule plus d'eau depuis bien des siècles, la terre est constamment humide, et le froid gagne le visiteur pour peu qu'il demeure inactif. Comment, du reste, aurait-on pu traverser commodément le passage si étroit qui sépare le premier couloir de la première grande salle? Depuis quelques années seulement ce passage qu'il fallait franchir en rampant, a été ouvert par le guide qui accompagne ordinairement les visitseurs. »

L'entrée de la grotte est complétement cachée jusqu'à ce qu'on ait gravi le monticule de cailloux qui la précède. Là, se montrent plusieurs ouvertures, les unes largement percées dans un calcaire pareil à celui de Niaux, les autres étroites et presque inabordables. L'entrée principale atteint des

(1) Ce mot de *Spoulgas*, vient probablement du mot latin *spelunca* que nous trouvons reproduit dans le nom de grotte des Espélugues, à Lourdes (Hautes-Pyrénées), et dans celui de grotte des Espalangues à Yzeste (Basses-Pyrénées.)

proportions aussi considérables qu'à Bédeilhac. Comme dans cette dernière grotte, un couloir, situé sur la droite, vient aboutir à une seconde issue large et haute, s'ouvrant à pic sur le flanc de la montagne. Les stalactites aux formes les plus étranges y sont abondamment répandues. Le sol est rocailleux et glissant.

Pour s'enfoncer dans la grotte, il faut revenir sur ses pas, et suivre une vaste galerie. L'axe en est tracé dans la voûte, par une fissure très-nette, indice certain d'une longue faille. Après un détour sur la droite, un étroit défilé se présente. Il n'est possible de le franchir, qu'en se courbant; brusquement on débouche dans une cavité immense. Là, plus de stalactites, plus de colonnes. Une spacieuse salle montant en amphithéâtre et tournant sur l'un des côtés, offre, éclairée par les torches, le spectacle le plus grandiose qu'ait produit la nature. La voûte, déchirée sur certains points, se courbe en dôme à une hauteur que n'atteindrait pas une pierre lancée par un bras vigoureux. De chaque côté des parois creusées par les eaux; quelques mètres en avant se dresse à pic le terrible escarpement qu'il faut gravir pour visiter la grotte supérieure. A la vue de ce mur lisse et humide, que cinq longues échelles superposées suffisent à peine à franchir, l'œil s'arrête étonné, et l'on cherche à s'expliquer quel intérêt poussait l'homme qui le premier osa gravir ce redoutable passage.

Au sommet des échelles, une étroite plateforme sert de débouché à un couloir que des roches entassées rendent dangereux à parcourir et qui conduisent dans une vaste chambre, le *cimetière*. C'est en ce point que déjà, depuis 1861, nous avons signalé de nombreux ossements humains, soit entiers, soit cassés, soit même roulés, gisant pêle-mêle avec des débris de vieilles poteries, des dents de chien percées, et des restes très-nombreux d'une faune moins ancienne que celle de l'*ours* et du *renne*.

En avançant dans la caverne, la voûte fuit au loin régulière et majestueuse; bientôt elle tourne à gauche. Comme à Bédeilhac, d'énormes concrétions stallactiformes portent des noms plus ou moins bien imaginés. Un petit lac très-profond rompt la monotonie du parcours. On est bientôt en face de deux galeries.

Celle de droite se termine d'une manière inattendue par un escarpement; des cordes sont nécessaires pour atteindre le sol inférieur. Au bas de ce mur, est une salle assez vaste, terminée elle-même par un second précipice dans lequel personne n'est jamais descendu.

A gauche, le sol est formé par des cailloux roulés; la voûte qui semble se rapprocher du visiteur gravissant une pente rapide, est de nouveau traversée par une fissure, et l'on touche bientôt au fond de la grotte.

Nos fouilles dans l'intérieur de la caverne ont exigé plusieurs semaines d'un travail fort pénible. Elles avaient beaucoup produit déjà dès 1861, mais depuis lors nous avons encore augmenté la quantité d'échantillons que renferment nos vitrines. Malgré cela, nous ne sommes pas sûrs encore de la place qu'il faut assigner à l'ensemble paléontologique recueilli.

Comme l'exprimait une note envoyée, il y a peu de temps, à la Société d'Anthropologie, au sujet des deux crânes humains de Lombrives, à l'époque où nous avons décrit cette caverne avec notre ami M. Rames, l'état de la science ne nous permettait de la classer que parmi celles de l'âge de l'aurochs. Aujourd'hui l'on connait des grottes appartenant à l'âge de la pierre polie, et il paraitrait naturel de la faire rentrer dans leur catégorie. Cependant nous croyons qu'il est encore prudent de ne pas se prononcer sur cette question. Quelques différences entre la faune de l'âge de la pierre polie, et celle qui vient des galeries profondes de Lombrives, telles que la présence dans celle-ci d'une seule espèce de bœuf, d'un chien plus grand que celui de Bédeilhac et de Niaux, etc.; la forme des crânes humains, s'éloignant sensiblement du type que l'on retrouve pendant la période de la pierre polie, pour se rapprocher de celui qui existe actuellement en Europe; la masse d'ossements humains accumulés dans le même lieu d'une façon inusitée, et ne pouvant s'expliquer par l'hypothèse d'une sépulture, sont des raisons qui nous font ajourner nos conclusions définitives sur ce point.

Si le doute règne dans notre esprit sur l'âge relatif qu'il faut donner aux débris paléontologiques des couloirs profonds de Lombrives, nous nous voyons aussi dans l'impossibilité de classer les objets trouvés à l'entrée de la caverne.

Les foyers de cette entrée contiennent des fragments de poterie très-ancienne, mais peut-être plus finies et plus délicates que celles dont la description a été déjà donnée des fragments de meules en granite, des ossements cassés de bœuf, de mouton et de porc, avec cela quelques rares poinçons à peu près semblables à ceux retrouvés ailleurs. Mais il y avait aussi avec ces débris, un bracelet qu'un ouvrier fouillant la grotte sur commande a donné à un savant étranger au pays. Ce bracelet était composé, au dire de l'ouvrier de qui nous le tenons directement, de grains en verre assez gros et percés d'un trou, ce qui porte à conclure que ces grains devaient être enfilés. Si ce fait est vrai, il concorderait assez bien avec l'existence en ce lieu de poteries moins grossières que celle de la pierre suisse.

A quelle époque archéologique correspondraient ces foyers, ces poteries, ces poinçons, ce bracelet ? Nous n'oserions encore le fixer exactement, mais il est probable que nous aurons affaire là, à un âge sans doute inconnu jusqu'ici pour la contrée, mais un peu moins ancien que l'âge de la pierre polie.

GROTTE DE FONTANET.

Cette grotte est aussi connue sous le nom de *grotte d'Ornolac*. Elle est creusée dans les mêmes calcaires que les grottes précédentes, c'est-à-dire dans l'étage liasien de Dorbigny. Située sur la rive droite de l'Ariége, à un kilomètre du village d'Ornolac, au débouché du frais et riant vallon de Bouan, son entrée regarde l'Ouest. Pour y arriver depuis la montagne de Lombrives, deux voies sont offertes au visiteur. La première passant devant l'église d'Ussat, suivant le pied de la montagne; mais il est préférable de suivre la route en remontant la rive gauche de l'Ariége, jusqu'au pont d'Ornolac ; après l'avoir traversé, par un petit sentier, on gagne la montagne de Lugeat. Lorsqu'on a franchi le ravin, presque toujours à sec, il est facile de monter jusqu'à la grotte, dont l'entrée s'aperçoit de loin. Cette ouverture est à quarante mètres environ au-dessus du niveau de la rivière. Comme toujours, un talus d'éboulement conduit les roches qui se détachent de la montagne, soit dans l'intérieur de la grotte, soit au dehors.

La voûte, peu élevée, parsemée de stalactites, est presque horizontale. Ici encore deux couloirs s'ouvrent à peu de distance de l'entrée. Celui de gauche est le plus long. Il descend rapidement jusqu'à plus de dix mètres, pour se relever ensuite.

Le couloir de droite tourne sur lui-même ; il est horizontal, et le fond, complétement obscur, est formé par d'énormes roches entassées, accusant un travail fait par l'homme. Elles bouchent une fissure par laquelle sans doute on pouvait aller plus loin. Au pied de ce mur cyclopéen, gisent sur le sol des poteries assez fines et aux formes arrondies, des ossements cassés de bœuf, de mouton, de chèvre et d'ours, sans autres traces de la présence de l'homme. A l'entrée nous avons recueilli des débris analogues. Pas d'instruments travaillés, rien pour le moment qui mérite une description particulière.

Pour Fontanet comme pour Lombrives, il est difficile d'émettre une opinion arrêtée. Nous retrouvons aux deux endroits les traces du séjour de l'homme, et les débris, rares il est vrai, d'une industrie humaine primitive encore. Cependant nous la supposons déjà plus perfectionnée que pendant la période de la pierre polie.

GROTTE DE CASTEL-ANDRY.

Au pied de la montagne de Calamés, sous la première maison du village de Bédeilhac, se cache au milieu des ronces l'ouverture d'une grotte peu profonde, composée d'une salle unique : c'est la grotte de Castel-Andry. Le sol en était autrefois stalagmitique.

Le même humus qu'à Bédeilhac et à Sabart a été destiné, comme celui de ces deux grottes, à engraisser le champ du cultivateur. Que d'objets précieux ont dû se perdre !

Ce lieu d'habitation anté-historique n'a présenté que de rares ossements cassés, et portant des stries, résultat de coups portés par la main de l'homme sur ces os encore frais ; quelques rares éclats de roches serpentineuses polies étaient probablement destinés à subir un travail plus complet.

Nous n'avons trouvé dans le sol aucun os finement ouvré, aucun instrument portant l'indice d'un travail achevé.

Pas de meules, pas de silex.

Parmi les animaux auxquels ont appartenu les restes soigneusement recueillis, le cheval semble dominer, puis la chèvre et le mouton, un bœuf, peut-être aussi le *cervus elaphus*.

Quelques fragments de poterie n'indiquent pas un art plus avancé que celui des poteries de Bédeillac, de Sabart et de Niaux.

Pour nous, la grotte de Castel-Andry est un lieu d'habitation humaine qu'il faut rapporter à l'époque de la pierre polie.

GROTTE DU MAS-D'AZIL.

Couloir aux proportions gigantesques, offrant un lit de roche au cours tumultueux d'un torrent rapide, telle est la grotte du Mas sortant des mains de la nature. Aujourd'hui l'art a détruit l'aspect sauvage et primitif de cette caverne. Une route carrossable la traverse sur un parcours de 500 mètres. L'Arize, maintenue dans d'étroites limites, lance ses flots écumeux contre les murs qui la rendent prisonnière.

S'il fallait étudier ici l'âge seul de la pierre polie, notre tâche ne serait pas longue. La construction de la route passant dans la grotte, a entraîné, il y a quelques années à peine, la destruction de débris appartenant à deux époques paléontologiques différentes. Un gisement contenant par myriades des os d'éléphants et de rhinocéros, et des couches renfermant plusieurs âges anté-historiques, ont à jamais disparu pour la science. Mis en morceaux comme matériaux d'empierrement, restes d'animaux et débris d'industrie humaine, tout est enfoui dans le sol que foulent voitures et piétons.

Des fragments de poterie grossière retirés de l'humus par un cantonnier, quelques ossements humains que nous possédons, et les restes de molaires de pachydermes et de proboscidiens nous permettent d'avancer ce fait, hélas! bien regrettable.

Les poteries ressemblent, à s'y méprendre, à celles de Bédeilhac, de Sabart, de Niaux, etc. Les ossements humains ont les mêmes caractères physiques que ceux venant des grottes déjà énumérées. Ces objets, qui semblent appartenir à un âge anté-historique que nous connaissons maintenant, étaient à la surface. Les couches profondes renfermaient les débris plus anciens (1).

Quoiqu'en partie dépouillée de ses richesses scientifiques, la grotte du Mas-d'Azil n'en est pas moins encore, au point de vue de l'histoire de l'homme, l'une des plus caractéristiques et des plus précieuses des grottes connues

Elle renferme deux âges paléontologiques théoriquement séparés par notre illustre et très-cher maître M. Lartet, et dans cette caverne stratigraphiquement distingués par la nature.

L'*ursus spelæus*, d'une part, caractérise la faune ensevelie dans le limon des couloirs les plus reculés et qui se développent à des niveaux divers dans la caverne. Le *renne*, d'autre part, domine parmi les animaux dont les restes et les débris composent les couches ou plutôt les amas de terre, de cailloux et de sable que l'on rencontre à quelque distance des entrées principales et à l'ouverture des couloirs latéraux.

Quelque part qu'existe le point de contact de ces amas, bien difficile à trouver en ces lieux, il n'en est pas moins vrai que les deux faunes sont complétement séparées l'une de l'autre, et cela sans aucun mélange visible. Les animaux qui les composent ne peuvent par conséquent avoir vécu aux mêmes époques.

Il en est de même des nombreux objets se rapportant aux âges récents par rapport à celui du renne. Les dépôts contemporains de ce dernier ruminant existent encore dans la caverne, ne contenant aucun spécimen qu'on puisse rapprocher de ceux des premiers temps anté-historiques. Il est donc visible que si les hommes qui polissaient la pierre ont laissé dans la grotte du Mas les restes de leur industrie, chose qui nous paraît très-possible et même probable, ces hommes ont dû vivre à une époque différente encore de

(1) Etude comparative des alluvions quaternaires anciennes et des cavernes d'ossements, par F. Garrigou, 1865.

celle du renne. Nous aurions donc dans cette caverne trois âges entassés séparément l'un sur l'autre, différenciés par la faune et par les restes d'industrie humaine qu'ils contiennent. Le plus ancien serait l'âge de l'*ursus spelæus*, viendrait ensuite celui du *renne*, auquel aurait succédé l'époque *anté-historique* ou âge de la *pierre polie.*

Des faits aussi nets, aussi tranchés dans une même localité et sur un espace aussi restreint, concordant, nous pouvons le dire aujourd'hui, avec les résultats stratigraphiques fournis par les études spéciales de l'un de nous (1) sur les cavernes à ossement, sont appelés à jeter un jour tout nouveau sur l'histoire géologique de l'homme.

RÉSUMÉ DES DESCRIPTIONS PRÉCÉDENTES. — ENSEMBLE DE L'HISTOIRE DE L'HOMME ANTÉ-HISTORIQUE.

D'après ce qui précède, il est aisé de voir que les douze grottes dont nous venons de faire l'étude, ont donné un ensemble de faits : même faune, identité de mœurs, d'industrie et de civilisation, le tout représentant une époque unique dans l'histoire de l'homme. Cette époque, nous la connaissons déjà, elle correspond aux habitations lacustres de la Suisse, à l'âge de la pierre polie.

Comme on le sait aujourd'hui, ces mots : *âge de la pierre polie*, ont une signification bien tranchée. Par âge de la pierre, d'abord, on entend une époque pendant laquelle l'homme n'employait principalement que des instruments en pierre. Les métaux lui étaient alors inconnus ; son état de civilisation ne lui avait pas donné les moyens de les découvrir et de traiter les minerais qui le contiennent. Mais cet âge de la pierre, établi par le savant naturaliste danois Steenstrup, a dû subir deux divisions : l'âge de la pierre taillée et l'âge de la pierre polie.

Il était naturel que les premiers hommes, cherchant à s'industrier pour fournir à leurs premiers besoins, et aussi à leur défense contre des ennemis,

(1) Etude comparative des alluvions quaternaires anciennes et des cavernes à ossement des Pyrénées et de l'Ouest de l'Europe. — F. Garrigou, — 1865.

aient utilisé les premiers objets venus, les cailloux, ces pierres siliceuses par exemple, qu'un choc, donné sans intention, avait pu transformer en armes tranchantes.

Il n'est donc pas contre nature de penser que la pierre a dû servir de première arme à l'homme. Du reste, aujourd'hui le doute ne peut plus exister sur ce point.

Comme l'a montré M. Boucher de Perthes, et comme l'ont aussi trouvé après lui bien d'autres savants, les pierres que nous regardons comme les armes primitives de l'homme, étaient taillées et attachées à des manches. C'était là un instrument servant d'outil et d'arme à l'homme contemporain de l'ours, de l'éléphant et du renne pendant l'époque quaternaire ancienne. Mais cette arme indique une civilisation que nous ne pouvons pas considérer comme primitive, quoiqu'elle soit encore bien peu avancée. Avant de tailler un caillou siliceux en forme de hache, il faut que l'homme ait su d'abord qu'un caillou tranchant était préférable à un simple caillou roulé, uni et égal sur toute sa surface; le caillou tranchant une fois adopté, restait à lui donner une forme; après cette forme manquait encore un moyen de retenir dans un manche l'arme ainsi fabriquée. En d'autres termes, avant la hache quaternaire d'Abbeville, il devait y avoir eu une hache moins parfaite, probablement celle qui a servi pendant l'époque pliocène pour tailler les ossements de Chartres ; et qui peut dire que l'époque miocène n'a pas vu se former l'industrie d'un homme plus primitif encore !

En y réfléchissant, l'existence de l'homme miocène ne devrait étonner personne. Quoi de plus naturel qu'un être humain ait existé dans un air aussi pur, dans un climat aussi régulier et sous un ciel aussi doux que ceux de l'époque miocène. Les vertébrés les plus perfectionnés avaient déjà couvert le globe dès le commencement de la période tertiaire, et M. Lartet nous a montré en Europe le singe contemporain des mastodontes, des dinotherium, des carnassiers et des ruminants dont les ossements sont disséminés dans le sol miocène. Le créateur de l'anatomie comparée, en jetant un doute qu'on ne s'explique pas encore, sur la possibilité d'existence du singe et surtout de l'homme fossile, avait élevé contre l'admission du grand fait scientifique de notre époque, une barrière aujourd'hui renversée. M. Lartet, en découvrant le singe miocène de Sansan et en faisant ses divisions paléontologiques de l'époque quaternaire, a ramené la science dans un chemin plus droit. Si des savants de valeur réelle soutiennent encore la non contemporanéité de l'homme et du grand ours des cavernes, et, pour le dire en passant, ils sont aujourd'hui bien rares, espérons qu'en voyant de plus près la question, ils la jugeront d'une manière plus juste, plus vraie. Deux choses les décideront sans doute à changer leur manière de voir : d'abord l'opinion généralement la même parmi les observateurs spéciaux de tout l'univers, et puis aussi le savoir, la conscience et la loyauté avec laquelle trois géologues, aussi grands philosophes qu'habiles observateurs, d'Archiac, Vogt et Lyell, ont traité la question. Pour eux, l'homme a été le contemporain de l'ours des cavernes et du mammouth ; pour eux aussi l'âge de la pierre taillée est un fait irrévocablement acquis à la science.

L'âge de la pierre polie a succédé à celui de la pierre taillée. Polir les instruments que d'abord on avait simplement taillés, devait constituer un progrès dans la civilisation des races humaines primitives. L'expérience l'a aujourd'hui montré. Ce n'est qu'avec une faune complétement distincte de celle qui avait vécu pendant l'époque quaternaire ancienne, et dans des terrains récents qu'on trouve les haches polies avec les autres instruments et outils qui d'ordinaire les accompagnent. Cette époque vit se développer les populations qui bâtirent les crannoges d'Irlande, les habitants du Danemarck, vivant sur les bords de la mer et laissant amoncelés les innombrables *débris de leur cuisine*, ces kjjoekkenmoddings, comme les ont appelés les Danois ; les peuples des habitations lacustres de la Suisse ; ceux des terremare d'Italie et des tourbières ; ces montagnards, enfin, peut-être descendants directs des hordes contemporaines du grand ours et du renne, ayant des mœurs analogues mais plus primitives, et qui, pour toute habitation n'ont eu que des antres sauvages.

Pendant cette époque, les métaux restent inconnus, du moins pour l'occident de l'Europe. Plus tard seulement apparaissent les peuples travaillant le cuivre, et arrivant à produire le bronze. Le fer enfin, plus difficile à obtenir, mais aussi plus dur et plus résistant, devient le métal spécialement employé.

Mais pour nous, il n'y a pas à s'y méprendre : si l'histoire ne nous parle pas d'une manière claire des peuples habitant l'occident de l'Europe lorsque les Celtes y arrivèrent, de ces peuples que les enfants d'Albion trouvèrent dans l'âge de la pierre polie, elle nous donne le portrait exact des hommes qui introduisirent dans nos pays l'usage du bronze et celui du fer. L'étude des populations polissant la pierre, entre seule dans nos attributions de paléontologistes; avec les peuples des âges du bronze et du fer commence le rôle de l'archéologue et de l'historien.

MŒURS ET HABITUDES DES PEUPLES PRÉ-CELTIQUES.

Que des hommes aient longtemps habité des cavernes, tout le monde doit le trouver naturel, puisque de nos jours encore certaines peuplades en choisissent pour demeure. Les Pyrénées, celles de l'Ariége surtout, pouvaient protéger contre les intempéries des saisons une population considérable, grâce aux nombreuses grottes qu'elles contiennent. A l'occasion aussi, les profondeurs d'une caverne pouvaient servir de lieu de refuge pendant une invasion. Avant de s'engager dans ces gouffres noirs et profonds, un ennemi arrivant pour la première fois devait hésiter. Mieux que les habitants des Pfahlbauten qu'un incendie pouvait engloutir dans les flots, les habitants des grottes étaient à même de résister et de se défendre. Du reste, l'occupation de l'entrée des cavernes, pendant l'époque de la pierre polie, n'empêchait pas probablement les constructions sur les lacs.

Faire l'histoire complète des mœurs, des habitudes, de l'industrie, du commerce des peuples des grottes, n'est pas une chose aisée, car bien des objets qui leur étaient d'un usage journalier, ne sont pas arrivés jusqu'à nous. Dans le fond des lacs de la Suisse, les pages entières de l'histoire des populations lacustres sont conservées, il n'y a pour ainsi dire qu'à classer les feuillets, à brocher le volume. L'incendie en ruinant les habitations sur pilotis, a enrichi la science actuelle. Le feu a recouvert d'une couche carbonisée chaque objet, qui, de plus, privé du contact de l'air par une eau tranquille, a pu arriver jusqu'à nous parfaitement intact, parfaitement conservé :

ustensiles, armes, vêtements, nourriture, nous connaissons tout ce qui regarde les peuples pré-celtiques de la Suisse.

Pour les peuples anté-historiques des cavernes, nous sommes loin d'être aussi bien renseignés. Les objets de toute espèce ont été laissés sur la terre, dans les foyers ; les moins altérables sont les seuls qui soient arrivés jusqu'à nous. Les vêtements, le pain, le bois, etc., non carbonisés comme en Suisse, ont dû se gâter et se désagréger pour fournir les éléments de cet humus que nous trouvons noir et gras. Aussi que d'hypothèses nous reste-t-il encore à faire ! que de difficultés faut-il surmonter pour arriver à connaître les détails intimes de ces habitants primitifs de notre pays ! Les beaux travaux de MM. F. Keller, F. Troyon, Morlot, Vogt, Desor, etc., ainsi que les savantes publications des célèbres professeurs de Bâle, MM. Rutimeyer et His, sur les peuples des Pfahlbauten, ont pu seuls par leur précision et par leur clarté nous aider à terminer notre œuvre.

Ainsi que nous l'avons déjà dit, suivant que l'entrée d'une grotte était grande ou petite, plusieurs familles ou bien une seule devaient y habiter. L'entrée de Bédeilhac était le point où existaient les foyers les plus étendus, les plus multipliés. Les dimensions de la grotte de Lombrives, peuvent seules rivaliser avec celles de Bédeilhac; l'une ou l'autre de ces cavernes devait être le lieu de résidence du chef de ces tribus peu civilisées. Les sauvages actuels mettent à leur tête un homme qui les dirige, qui les conduit ; les peuples pré-celtiques devaient avoir aussi leur chef; ce chef devait être traité avec une certaine distinction; la plus belle habitation devait être la sienne.

Quant à la masse de la population, ses habitudes et ses mœurs ressortent d'une manière assez naturelle, mais encore incomplète de l'étude des objets découverts.

On peut faire trois grandes divisions quant au genre de vie mené par les peuples pré-celtiques de la région que nous étudions. Il y avait des pasteurs, des chasseurs et des agriculteurs. A l'occasion tous devaient se réunir pour combattre et pour défendre le pays.

Les nombreux animaux domestiques ne pouvaient vagabonder dans les montagnes sans courir les risques d'être dévorés par des carnassiers redoutables, l'ours ou le loup. Il fallait donc qu'une partie de la population fût destinée à garder les nombreux troupeaux de moutons, de chèvres, de porcs, de bœufs qui servaient de nourriture.

A l'été chacun devait réunir ses bêtes et les conduire pendant la durée des fortes chaleurs sur les sommets les plus élevés, où des vallons frais et riants leur fournissaient, comme de nos jours encore, des pâturages inépuisables.

Conduire un troupeau, le garder, sont des choses tellement simples, réclamant des soins si faciles à donner, et un degré d'intelligence et de civilisation si restreint, qu'on peut supposer que les hommes de l'âge de la pierre polie, pouvaient remplir les fonctions de pasteurs aussi bien que le font nos paysans actuels. Juger du genre de vie des premiers, par celui des seconds, serait donc se rapprocher beaucoup de la vérité.

Les chasseurs des temps anté-historiques, paraissent plus difficiles à suivre dans leur vie nomade et vagabonde. D'abord nous ne connaissons pas leurs armes, nous ne pouvons que les deviner. Les restes des animaux qu'ils tuaient ne nous sont pas parvenus en assez grand nombre pour que nous puissions juger de la variété des espèces sauvages qui peuplaient le pays.

En Suisse, à Concise, station lacustre appartenant à l'âge de la pierre polie, on a retrouvé une pièce qui devait armer l'extrémité d'un arc, de manière à pouvoir solidement attacher la corde. Les populations des Pfahlbauten avaient donc une arme de jet. Pourquoi les habitants des grottes appartenant à la même période de la pierre polie n'auraient-ils pas eu une arme pareille, une arme que l'on retrouve constamment chez les sauvages? A Bédeilhac, à Niaux, à Sabart, des ossements et des pierres taillées en forme de pointes de flèche, nous permettent d'affirmer que l'arc existait aussi chez nos peuples pré-celtiques. C'était sans doute l'arme des chasseurs, comme celle des guerriers.

Mais à cette époque, où l'adresse, l'agilité, la force devaient aider l'homme « à la concurrence vitale » suivant l'expression si juste de Darwin, la chasse devait se faire avec d'autres armes que l'arc et les flèches. Observateur par nécessité, l'homme devait connaître les habitudes des animaux dont il voulait faire sa proie et jouait de ruse avec eux. Plus leste, plus fin, peut-être aussi plus fort, il les surprenait, les frappait de sa hache, ou d'une pierre adroitement lancée les arrêtait dans leur course lorsqu'ils fuyaient en lui échappant. Le cerf, le chevreuil, le chamois, le bouquetin, le sanglier, le loup, l'ours, étaient les animaux qui tombaient le plus souvent sous ses coups.

Les oiseaux seuls devaient être tués au moyen d'une flèche. Nous avons trouvé les débris du coq de bruyère, de la pie, du geai, d'un échassier.

Les seules traces d'agriculture que nous ayons jusqu'ici, consistent en meules faites avec des roches granitiques, parfaitement semblables à celles retrouvées dans le fond des lacs de l'Helvétie. La présence de pain et de froment dans les pilotages de l'époque de la pierre polie, ainsi que l'existence des meules, n'a pas laissé aux savants de la Suisse, le moindre doute sur la signification de ces fragments de granite piqués et usés. C'est seulement par la comparaison que nous sommes arrivés aux mêmes conclusions que nos confrères helvétiens.

Les instruments aratoires de ces peuples si peu avancés dans la civilisation devaient, sans doute, être bien imparfaits. Les métaux leur étant inconnus, ils ne pouvaient donc travailler la terre qu'avec des outils de pierre et de bois. Ni les uns ni les autres ne devaient offrir des garanties, de solidité et de commodité bien considérables. Mais si l'on songe que ces hommes étaient peut-être les descendants de ceux que nous avons montrés ailleurs, habitant le même pays et attaquant pour se nourrir de leur chair les plus terribles carnassiers et les pachydermes les plus volumineux de la création, l'on ne sera pas surpris en songeant qu'ils ont pu entreprendre, sans un matériel convenable, les pénibles travaux de l'agriculture.

« Toutefois aussi, comme le dit M. Troyon, si l'on réfléchit que c'est à l'âge de la pierre qu'appartiennent les tumulus les plus gigantesques, pour l'érection desquels la terre a été accumulée jusqu'à une hauteur de 40, 60 et même au-delà de 100 pieds, on comprendra que ceux qui étaient capables d'exécuter de pareils travaux, pouvaient bien aussi remuer la surface du sol, ensemencer et moissonner. »

A cette époque, le sol encore vierge, devait donner une abondante moisson sans que l'agriculteur à prendre une grande peine. Il suffisait de remuer la terre, et de lui confier à peine quelques grains de froment pour en récolter plus qu'on n'avait à en consommer.

Comment conservait-on la récolte ? Les lacs de la Suisse nous ont appris que souvent le blé restait dans l'épi, d'autres fois il en était séparé. M. le professeur Heer (1), pense qu'on rôtissait le grain et qu'on le conservait ainsi. Actuellement les habitants des îles Canaries continuent à rôtir le blé dans des fours, et le conservent dans des peaux de chèvre. C'est là un usage fort ancien.

INDUSTRIE.

Dans l'intérieur de chaque habitation, les emplois étaient probablement distribués suivant le sexe, suivant l'âge de chacun. Le repas était surtout composé de viandes, d'après ce que nous montrent les débris trouvés. L'animal domestique était abattu ou saigné. Les crânes de bœuf, principalement, sont fracassés, et portent les traces d'un écrasement produit avec un instrument contondant, peut-être avec ces casse-tête, ces massues hastiformes et lourdes que nous avons signalées à Bédeilhac. Quelques crânes entiers de bœuf, de mouton, de porc, de chèvre, motivent notre seconde supposition. Quelque instrument non encore retrouvé servait peut-être à saigner ces animaux.

Une fois mort, l'animal était ouvert avec des couteaux en schiste, ou au moyen de ces larges fragments de quartzites encore fort tranchants. Il s'agissait alors de l'écorcher, et c'est à cet usage que nous croyons pouvoir rapporter les instruments plats, fabriqués avec une côte, arrondis et un peu tranchants à l'une des extrémités, pointus à l'autre. La ressemblance de ces outils avec les palettes que les bouchers de notre époque destinent aux mêmes usages permettent de supposer pour les premiers la même destination qu'ont aujourd'hui les seconds. Les peaux, selon toute probabilité, devaient être utilisées plus tard. L'animal ainsi dépouillé, était débité de manière à ce que chacun en eût sa part. Un instrument tranchant devenait nécessaire pour diviser les os, et surtout la colonne vertébrale. Le corps de chaque vertèbre était ouvert en long ou en large, mais la première

(1) Landwirthschaftliches, Wochenblatt, Zurich.

manière parait avoir été la plus fréquente. La division en était faite d'une façon très-nette, les parties de l'os entamées par l'instrument sont régulièrement tranchées. Une pièce que nous avons déjà décrite, une tête de lance faite avec une omoplate de ruminant et venant de la grotte de Sabart (*Pounchut*), nous permet d'affirmer l'existence de la scie chez les peuples pré-celtiques.

Séparé en deux parties, le corps de l'animal subissait sans doute des divisions plus petites; c'était alors la hache que l'on employait; elle était en général fort tranchante, comme l'indiquent les entailles fines et profondes que portent encore certains os. Chacun exposait ensuite au feu la portion de chair qui lui était échue et la mangeait à peine cuite, comme le prouve l'état frais dans lequel se sont conservés les os. La présence de rares fragments osseux happant à la langue, blanchâtres, à moitié calcinés et trouvés encore dans les foyers, montrent bien la différence entre les os ayant subi le contact prolongé du feu et ceux qui n'y avaient été exposés que quelques instants.

Le fait caractéristique de l'habitude qu'avaient les peuples dont nous parlons, de succer la moelle des os, c'est l'état dans lequel on trouve les métacarpiens et les métatarsiens de ruminants. Les cassures constantes, on peut le dire, de la diaphyse des os longs, humérus, fémurs, etc., ne peuvent nullement à elles seules permettre de dire que l'habitude des peuples polaires qui se nourrissent de la moelle des os de renne, existât chez les habitants des grottes. Pour séparer la chair d'un membre, il fallait casser l'os en même temps qu'on divisait les muscles, comme le font actuellement nos bouchers. Retirer la moelle d'un fémur, d'un humérus, d'un radius, n'était donc pas l'unique but de la cassure.

Mais les métacarpiens et les métatarsiens pourquoi les cassait-on ? Pourquoi les divisait-on toujours de la même manière ? Ce n'était pas pour en séparer les muscles, puisqu'il n'y a que des tendons; ce n'était pas non plus dans le but d'en séparer les tendons, car ainsi on les aurait divisés en plusieurs pièces et ils n'auraient pu servir de liens, de cordes. Avoir la moelle contenue dans les os du métacarpe et du métatarse parait donc être le résultat final des cassures opérées sur ces os, qu'on pouvait utiliser ensuite pour la fabrication d'outils solides et forts.

Pour fendre les métacarpiens et les métatarsiens, on les tenait probablement avec la main gauche et l'on frappait obliquement près de l'une des têtes avec une hache ou un instrument moins tranchant qu'on tenait sans doute dans la main droite. Diverses pièces venant de la grotte de Niaux, sur lesquelles les stries profondes laissées par l'instrument tranchant qui les a produites sont inclinées de gauche à droite, nous autorisent à supposer ces habitudes particulières.

Ainsi les hommes de la pierre polie, des cavernes, mangeaient la moelle des os de ruminants. Il en est de même en Suisse, dans les Kjjockkenmoddings et dans toutes les stations anté-historiques connues.

A proportion qu'un os était dépouillé de sa chair et devenait inutile, il était abandonné sur le sol et l'on ne s'en occupait plus. C'est là encore l'habitude des Esquimaux qui vivent dans des huttes probablement de la même façon que nos peuples pré-celtiques des Cavernes. Leurs repas achevés, ils en laissent les débris à terre où ils finissent par s'accumuler en formant un fumier infecte sur lequel ces peuples circumpolaires, marchent, se couchent et dorment sans en éprouver le moindre dégoût. Telles étaient, sans doute, les habitudes des peuples que nous étudions.

Parmi les ossements abandonnés qui proviennent du sol des grottes de la pierre polie, un certain nombre ont été rongés par un carnassier, le chien très-probablement. Chose bien singulière! nous avons vu les os de cet animal cassés et entassés parmi ceux des ruminants dans plusieurs foyers, accompagnés de quelques restes bien rares de renard et de loup, peut-être aussi de lièvre. C'est probablement le chien qui a broyé les os d'oiseaux dont nous avons retrouvé les fragments.

Des *hélix nemoralis* étaient aussi l'un des aliments de prédilection de l'homme pré-historique, car nous avons trouvé des masses de coquilles appartenant à ce gastéropode terrestre. De quelle façon les mangeait-on? Il serait difficile de le dire. Peut-être ces sortes d'aiguilles allongées de Niaux, d'Ussat et de Bédeilhac, servaient-elles à retirer le mollusque de sa coquille et à le porter ensuite à la bouche.

Ces peuples, surtout carnivores, mangaient également des noisettes, des prunelles ou des cerises sauvages. Nous avons déjà signalé la présence de ces fruits dans l'humus profond de quelques grottes.

Les vaches, les brebis, les chèvres devaient fournir en abondance un lait épais et nourrissant. Comme en Suisse, sans doute, le fromage et le beurre devaient être retirés de ce lait. Rien encore ne peut le faire affirmer, puisque nous n'avons pas découvert les poteries percées destinées à la conservation du fromage, et les barattes trouvées en Suisse dans le pilotage de la pierre à Robenhausen.

Les fruits sauvages des montagnes, fraises, framboises, châtaignes, etc., devaient compléter la liste des aliments déjà énumérés.

L'eau pure et fraîche du torrent était sans doute l'unique boisson de ces hommes naturellement forts et robustes.

La manière de se vêtir des habitants des grottes devait être aussi primitive que celle des peuples lacustres. Chez ceux-ci, les stations de Concise, de Wangen, de Robenhausen, etc., ont fourni tout le matériel du tisserand. Poids en pierre pour tendre les métiers, fils, étoffes, pesons de fuseaux en terre cuite, chaque objet à demi brûlé a été précipité au fond des lacs, et recouvert d'une vase humide et conservatrice. Les habitants des Phahlbauten étaient vêtus d'étoffes tissées en fil. Le lin leur était probablement connu, à moins qu'une autre plante à écorce filamenteuse ait pu leur fournir de quoi faire des vêtements.

Dans nos grottes, quelques rares objets nous ont permis de suivre chaque individu dans sa toilette. Des os cassés, appartenant à bon nombre de ruminants au pelage épais et fourré, des poinçons, des polissoirs, quelques outils en pierre et en argile sont les seuls objets capables de nous mettre sur la voie du costume de ces montagnards aux mœurs si pittoresques.

Comme leurs frères de la Suisse, les habitants des grottes filaient ; les découvertes faites à la grande grotte et à la petite grotte de Niaux et à Ussat, de poids pour tendre les métiers et de pesons de fuseaux, le prouvent d'une manière suffisante. Ils portaient donc des étoffes tissées soit en lin, soit en toute autre plante à écorce filamenteuse. Mais les étoffes tissées ne devaient pas être les seules substances utilisées pour le vestiaire.

Les peaux de moutons, de chèvres, de bœufs et des ruminants qui peuplaient la contrée, devaient être les matières premières les plus abondantes et les plus faciles à se procurer pour s'en vêtir.

Ces crânes, cassés en mille pièces après que le coup de massue avait abattu l'animal, n'auraient-ils pas été ouverts en entier pour l'extraction des cervelles intactes et complètes. De même que le font encore de nos jours les peuples circompolaires, les habitants des grottes n'auraient-ils pas préparé un mélange de moelle et de cervelle pour tanner les peaux ? Ce sont là des questions qu'on peut rationnellement se poser, et dont il est permis de donner une solution à peu-près affirmative. Le présent y autorise d'une manière pleine et entière.

Ces peaux préparées, restait encore à les tailler, à les unir, à en faire un vêtement.

Les outils trouvés chez nous sont tellement semblables à ceux des Pfahlbauten, qu'il est permis de supposer de la part des peuples pré-celtiques de nos grottes, une manière de les employer tout à fait identique à celle des peuples lacustres. Les poinçons, les ciseaux en os, les polissoirs devaient probablement être utilisés pour la préparation des vêtements soit en fil, soit en peaux. Les détails sur leur usage ont été donnés avec tant de soin par MM. Troyon et Keller, que nous renvoyons le lecteur au travail de ces savants, pour y voir les tisserands et les tailleurs dans leurs ateliers.

Il ne serait pas étonnant que les femmes aient consacré à retenir leur longue chevelure, ces poinçons effilés, presque semblables aux aiguilles recueillies dans les Pfahlbauten.

Essayons maintenant de suivre ces hommes vêtus de peaux dans leur travail d'intérieur. La fabrication des armes, des outils, des vases, etc., devait être pour eux une occupation essentielle.

Les pierres étaient largement employées, et chaque espèce de pierre, de roche, était consacrée à un usage particulier.

Des quartiers de granit peut-être roulés, peut-être détachés des blocs erratiques abondants dans la vallée, servaient à la fabrication des meules les plus grosses; des galets aplanis et pouvant se manier avec une main fonctionnaient comme la partie tournante des meules, tandis que les gros blocs aplanis comme les petits et piqués, étaient immobilisés dans le sol. Des leptynites, des pegmatites, des syenites, en un mot toutes les variétés de granit, fort abondantes dans la contrée, étaient employées en grande partie à la fabrication des meules.

Des haches sans tranchant, sortes de casse-têtes ou de massues, comme il a été déjà dit, ne demandaient pas un grand travail pour être préparées. Des cailloux roulés pouvaient présenter la forme recherchée pour cette arme; il suffisait de quelques coups et d'un peu d'usure avec les polissoirs pour les approprier. Ces massues devaient être emmanchées comme les silex de la vallée de la Somme. Engagées entre les deux côtés d'un morceau de bois fendu pour cet usage, elles y étaient sans doute fixées par un lien très-solide, comme l'a montré M. Boucher de Perthes.

Nous avons déjà dit que c'étaient là des instruments destinés sans doute à abattre les animaux tels que les bœufs, et autres grands ruminants qui servaient de nourriture. Parmi tous les objets trouvés, nul ne paraît plus convenable pour cet usage. Les trois spécimens que nous possédons exigeaient sans doute une grande force pour être maniés.

A l'occasion, ces instruments devenaient de terribles armes pour la guerre, un seul coup devait suffire pour terrasser un ennemi.

Les *polissoirs* en pierre dont nous possédons des restes nombreux ne sont autre chose, comme il est dit plus haut, que des dalles de grès, plus ou moins épaisses. Leur gisement se trouve dans la vallée de Rabat, au-dessus du village de ce nom. Il est composé par un lambeau de terrain crétacé supérieur. C'était là, sans doute, que chaque tribu pré-celtique de la contrée venait chercher sa provision de dalles à polir. Le point le plus rapproché du pays possédant le même terrain et par suite les mêmes pierres, est situé assez loin de la vallée de Tarascon. C'est aux villages de Saint-Paul et de Celles, sur la route de Foix à Carcassonne, à 15 kilomètres environ des grottes de Bédeilhac et de Niaux, que l'homme anté-historique aurait dû venir pour chercher des polissoirs, s'il n'avait pu en trouver abondamment à Rabat. Chose curieuse, ces pierres de grès de Celles sont encore exploitées de nos jours pour la fabrication des meules à repasser,

Les roches serpentineuses, les ophites abondent dans le pays, où, comme l'a parfaitement vu M. Virlet d'Aoust, et comme l'un de nous l'a démontré avec lui, ils représentent avec les gypses, la partie moyenne d'un étage géologique important, le muschelcalk, dans le trias. Ces ophites sont des roches contenant du quartz et un minéral magnésien, l'amphibole hornblende, de couleur verte; ils sont durs très-résistants et élastiques; ils ont donc un grand avantage sur les autres roches pour la fabrication d'armes tranchantes. Les habitants des cavernes de la pierre polie avaient mis tous leurs soins à faire avec cette roche des haches de dimensions diverses, destinées à des usages différents.

On ne devait pas songer à tailler ces pierres, contre lesquelles toutes les matières alors connues se seraient inévitablement brisées, et qu'on a tant de peine encore à casser avec les marteaux d'acier les plus solides et les mieux trempés. Il fallait donner à la pierre la forme voulue en la polissant sur les grès. Que de peine devait coûter ce polissage! Aussi les rares éclats, qui, de temps à autre, étaient séparés des masses ophitiques destinées à passer sur le polissoir, étaient-ils utilisés pour faire de petites hachettes, de petits couteaux polis simplement sur le tranchant produit par la cassure.

On trouve aussi de nombreuses haches en schistes siliceux pareilles à celles en ophite.

Un ciseau en lidienne trouvé dans la grande grotte de Niaux, devait servir probablement à trouer les bois de cerf ou d'autres substances du même genre.

Comme en Suisse, les haches polies sont petites, très-bien finies, ayant les mêmes formes. Elles étaient emmanchées comme celles des Pfahlbauten; la découverte de plusieurs manches dans les grottes de Niaux nous l'a prouvé.

L'une des haches est très-remarquable, car elle montre que les peuples des cavernes connaissaient les gisements de pierre à plâtre, voisins de la grotte de Bédeilhac. C'est de cette grotte, du reste, que vient cette hachette représentée (pl. 8, fig. 4 et 5). Comme on le voit, la partie postérieure de cet instrument est coupée d'une manière nette, mais la substance est ébréchée sur plusieurs points; il y a des élevures et des enfoncements. Ces inégalités de la pierre sont complétement remplies de plâtre. Si c'était là le moyen d'attacher, de fixer la hache dans un manche, il faut avouer que la solidité devait être fort douteuse. Le plâtre, peut-être, servait-il simplement à remplir le vide entre la hache et le creux du manche, puis une substance plus résistante recouvrait le tout et rendait l'instrument solide.

Les petites haches, dans le genre de celles que nous décrivons, étaient sans doute destinées à des travaux délicats, la taille des poinçons et des polissoirs en os, par exemple.

Mais la hache en forme de coin, trouvée à Bédeilhac, et que nous avons déjà décrite (pl. 8, fig. 2 et 3), est surtout fort curieuse. Essayons de nous rendre compte de l'usage auquel elle était destinée. Tranchante d'un côté, elle présente de l'autre une tête en forme de marteau, arrondie et usée par des coups. Emmanchée sans doute de manière à présenter ses deux extrémités libres, nous serions porté à croire que cette hache a servi d'abord à casser les os avec la partie tranchante ; on se servait ensuite de l'extrémité postérieure pour piquer les meules.

Pour mettre en état de fonctionner convenablement les surfaces de ces blocs de granit, il fallait de loin en loin les piquer, rendre plus sensibles les aspérités qui en couvraient la surface. A cet effet, on devait employer une substance plus résistante que le granit. A l'époque dont nous parlons, rien pour cela ne pouvait remplacer les ophites. Pour nous, les élevures et les enfoncements qui existent à l'extrémité opposée au tranchant, pourraient donc être le résultat de coups portés sur les surfaces des meules pour les piquer.

Il parait indifférent, au premier abord, que l'usage de telle ou telle variété de roche ait dominé, suivant l'époque, pour la fabrication des instruments en pierre. Cependant ce fait est caractéristique dans les époques diverses de l'histoire de l'homme.

Pendant les âges de l'ours et du renne que trouvons-nous en fait d'instruments de pierre? Du silex, toujours taillé. Est-ce à dire qu'on ne se servait du silex seulement qu'en l'absence d'autre roche convenable? Non.

A Bruniquel, dans la caverne dont nous avons donné une description complète avec M. Louis Martin, ingénieur des mines, existaient en grand nombre dans le sol et à diverses hauteurs, des blocs d'un ophite pareil à celui dont les hommes anté-historiques se sont servis pour fabriquer les haches polies. Pourquoi donc les habitants de la grotte de Bruniquel ne travaillaient-ils pas l'ophite? La raison en est simple : c'est que l'ophite ne peut pas être façonné par éclats, et à leur époque on ne savait pas polir. C'est qu'ils n'étaient encore qu'à l'âge de la pierre taillée, tandis que les habitants pré-celtiques des grottes étaient à l'âge de la pierre polie. Une étape de la civilisation séparait ces peuples que tant d'autres choses rendaient différents.

Le silex est loin d'avoir fourni un grand nombre d'armes ou d'outils, pendant l'époque de la pierre polie, dans la région que nous explorons. Les couteaux, les racloirs, les éclats sont rares; il y en a cependant un certain nombre. Ce sont les quartzites, les schistes siliceux qui surtout ont été utilisés. Ceux-ci abondent dans la montagne, tandis que les silex n'existent pas dans cette région; il faut sortir du département pour en trouver.

Ces roches siliceuses étaient éclatées d'une autre manière que les silex propres. On destinait à la taille les cailloux offrant des angles et des bords naturels, car sur la plupart des couteaux et des racloirs en schistes siliceux, il est aisé de voir certaines surfaces parfaitement naturelles, auxquelles la main de l'homme n'a point donné l'aspect qu'elles possèdent. Ces instruments étaient emmanchés dans des fragments de bois de cerf (pl. 7, fig. 1 et 2).

La présence de cristaux de quartz éclatés a été déjà signalée dans les grottes d Bédeilhac et de Niaux. A quoi pouvaient servir ces fragments, probablement fixés sur un manche? Impossible de le dire. Ce qu'on peut penser, cependant, c'est que le quartz ainsi éclaté offrait des angles et des bords piquants et tranchants qui devaient faire un long usage, puisque ceux que nous avons retrouvés coupent encore très-bien.

L'outillage en pierre que nous venons de décrire devait en partie servir à la confection des instruments en os. Dans l'une des séances de l'Institut, du mois de mai 1864, nous avons donné notre opinion sur la manière dont on fabriquait les poinçons. Les diverses phases du travail ont pu être suivies, grâce aux débris sans nombre que nous possédons. Les os destinés à être transformés en poinçons ou en polissoirs, étaient ouverts d'un bout à l'autre, ou bien tranchés obliquement sur la diaphyse, au moyen d'un instrument produisant la section en un seul coup; une petite hache, sans doute, était destinée au premier temps de ce travail. On taillait ensuite l'os en l'effilant, au moyen d'un couteau en silex ou plutôt en dent de sanglier; le polissoir de grès servait à unir la surface.

Des fragments de côte, des éclats d'os longs étaient taillés grossièrement en pointe, pour armer une flèche, une lance. Quelques os étaient finement travaillés pour servir à cet usage. A Sabart (Pouchut), par exemple, nous avons déjà signalé une singulière tête de lance.

Beaucoup d'autres pièces osseuses dont la description nécessiterait un grand espace sans rien apprendre de nouveau, ont dû être fabriquées au moyen des instruments en pierre que nous avons signalés. Il est pourtant utile d'ajouter que de nombreux andouillers de cerf, détachés artificiellement des bois, avaient été taillés de manière à former des pointes de flèches, des têtes de lances, ou des poignards encore d'une solidité remarquable.

La fabrication des poteries devait être l'une des industries recherchées pendant l'époque de la pierre polie. La quantité énorme de débris qui ont été découverts, ne permet pas même d'apprécier d'une manière sûre le nombre de vases existant dans chaque grotte.

Une argile fine et micacée mélangée de fragments grossiers de quartz, constitue la pâte des diverses poteries. Après avoir préparé la matière première, on montait le vase avec les doigts sans le tourner. Aucun fragment des poteries soit épaisses soit fines, ne nous a mis sur les traces des tours qu'on a si nettement devinés en Suisse. On nivelait la surface intérieure et extérieure au moyen d'un racloir ou d'un polissoir. Ces vases ainsi faits étaient ensuite cuits au feu. Leur couleur rouge le démontre.

Tout ce qui précède fait voir que des ateliers de potiers devaient sans doute exister sur plusieurs points des vallées. Nous croyons être sur la voie du gisement auquel était empruntée l'argile qu'employaient ces populations pré-celtiques, peut-être aussi aurons-nous plus tard des données suffisantes pour fixer l'emplacement des ateliers. Lorsque des faits plus nombreux et mieux étudiés permettront de donner, sur ces détails, des indications positives, nous nous empresserons de les faire connaître.

L'usage auquel étaient destinés ces vases, dont les uns étaient cylindriques et à fond plat, et les autres renflés dans leur partie moyenne, est aisé à deviner. Ils devaient contenir l'eau et le lait; peut-être, dans certains cas, servaient-ils pour la cuisson des aliments.

Il est à remarquer que *la face interne* de certains fragments de ces vases est enduite d'une couche noirâtre, généralement assez dure, et que dans la moitié de l'épaisseur, au moins, la substance argileuse est brûlée et pénétrée par cette matière noire. Ceci pourrait indiquer peut-être un fait bien naturel.

La nuit, les foyers qui devaient brûler constamment, ne pouvaient suffire à éclairer les voûtes élevées et le sol rocailleux des grottes. Un moyen d'éclairage constant était, il est vrai, obtenu par l'emploi des branches de pins qui, sans doute, abondaient dans le pays, comme le prouvent les troncs de cet arbre enfoncés dans certains marais tourbeux.

Les peuples du Nord brûlent l'huile de poisson et la graisse de certains animaux, s'il faut en croire le récit des voyageurs. Pourquoi les peuples pré-celtiques n'auraient-ils pas brûlé dans ces vases à parois épaisses, à forme cylindrique, la graisse de certains de leurs animaux? S'il en était ainsi, on comprend pourquoi la substance argileuse est simplement cuite à l'extérieur, tandis que l'intérieur est brûlé et pénétré par la substance en feu que le vase contenait. Une autre explication ne saurait, croyons-nous, rendre compte de l'état des choses qui vient d'être signalé.

COMMERCE.

Avancer que les populations pré-celtiques de l'Occident ont eu des relations commerciales régulières avec des peuples éloignés, avec ceux de l'Orient, par exemple, est probablement une erreur. Presque tous les savants qui ont écrit sur les habitations lacustres et sur l'âge de la pierre polie l'ont commise. Des individus, des familles, voyageant loin de la Suisse, sur les bords de la Méditerranée, par exemple, et rentrant ensuite dans leurs pilotages peu éloignés, ont pu, à la rigueur, se contenter de rapporter un morceau de corail blanc, une coquille, une pierre; mais d'autres, allant jusqu'en Orient, auraient-ils borné leur curiosité et leur plaisir à porter un simple morceau de néphrite pour en fabriquer une hache? Le bon sens suffit pour répondre à de pareilles suppositions. Mais les faits détruisent, en partie, les erreurs sans fin écrites à ce sujet (1).

Quant aux habitants des Pfahlbauten, tout le monde, à coup sûr, admettra

(1) Nous ne voulons pas attaquer le système des migrations si savamment développé par M. de Quatrefages. Nous admettons parfaitement les idées de l'érudit professeur du Muséum, mais nous voulons dire simplement que les peuples pré-celtiques de l'Ouest de l'Europe n'ont pas entretenu des rapports commerciaux *suivis* avec les peuples de l'Orient.

leurs relations avec les peuples du voisinage, avec les habitants des montagnes du Jura, avec ceux des bords de la Méditerranée même. Mais la néphrite employée pour les haches ne prouve nullement que des voyages en Orient aient été exécutés. La néphrite peut avoir existé dans les Alpes. Ses gisements, sans doute peu étendus, pourraient avoir été épuisés, puisqu'on a fabriqué des haches avec cette substance. Rien ne s'oppose à ce qu'il puisse en être ainsi. En voici la preuve :

Les minéralogistes du commencement de ce siècle, indiquent, en France, deux gisements d'un minéral appelé axinite, curieux par sa forme cristalline du sixième système. L'un est près d'Oisans, en Dauphiné ; l'autre, était dans les Pyrénées, au pic d'Éredlitz, près Baréges Ce dernier est aujourd'hui épuisé, il n'y a plus que de l'axinite en roche. Les parties cristallines ont été emportées par les naturalistes et par les curieux qui ont fait l'ascension du pic. Qu'un siècle se passe et que le lieu de provenance des échantillons pris au pic d'Éredlitz vienne à être oublié, nos descendants, qui ne trouveront plus l'axinite dans les Pyrénées, mais qui sauront qu'elle existe près d'Oisans, auront-ils raison s'ils disent que les échantillons de provenance inconnue viennent du Dauphiné ? Non, bien certainement.

Il en est de même pour la néphrite des Alpes et pour les peuples des Pfahlbauten. Ils ont épuisé les gisements apparents de cette substance : on a trouvé dans leurs pilotages les haches qu'ils ont fabriquées avec elle ; mais ne voyant pas en place la roche qui la leur a fournie, il a été très-commode d'inventer un voyage en Orient, afin d'aller chercher dans les gisements connus de nos jours un morceau de néphrite pour en faire une hache. Certes, c'est là donner une idée aussi triste qu'inexacte de l'intelligence de ces peuples lacustres, qui, avec des moyens si restreints, ont exécuté de si grands travaux.

M. Gabriel de Mortillet, du reste, dans un travail récent, vient de donner la solution complète de la question. Laissons parler ce savant, aussi consciencieux que dévoué à la cause de la vérité :

« Parmi les instruments de pierre qu'on recueille dans les stations lacustres de la Suisse, dit-il, on en rencontre quelques-uns, fort rares, qui sont formés d'une pierre très-tenace, très-dure, taillant le verre, prenant un beau poli et un tranchant très-vif, de couleur gris-cendré avec des teintes opalines et nuageuses, translucide sur les bords minces des tranchants. On a donné à cette pierre le nom de *néphrite*, la comparant à la néphrite d'Orient, et comme on ne connaissait pas son gisement en Suisse, on a généralement admis qu'elle était le produit d'un commerce lointain.

» J'ai étudié avec soin cette pierre; je viens de faire un voyage en Suisse dans ce seul but. J'ai vu de ces prétendues néphrites orientales dans les belles collections de MM. Desor, à Neuchâtel, le colonel Schwab, à Bienne; le docteur Uhlmann, à Muchenbuchsee, et Troyon à Lausanne. J'ai reconnu que ces néphrites n'étaient que des fragments de petites veines siliceuses qui se trouvent dans les serpentines. Lorsque je rédigeais ma *Minéralogie et Géologie de la Savoie*, j'ai pu constater l'existence de ces veines dans le massif serpentineux de la Haute-Maurienne, entre Bessans et Bonneval. On a ouvert une carrière dans ce massif, près du hameau de Villaron, pour extraire des blocs destinés à la marbrerie : mais ce commencement d'exploitation, repris par deux fois, n'a jamais eu de suite; les blocs se trouvant partagés en divers sens par des veines de serpentine noble trop tendre, qui rend les plaques cassantes, ou par des veines de ce quartz laiteux, cendré, talqueux, trop dur, ce qui use les scies et renchérit par trop le polissage.

» Chez M. le docteur Uhlman, j'ai pu m'assurer que la néphrite suisse n'était bien que des veines quartzeuses des serpentines. J'ai vu dans la collection une hache en néphrite cassée : on reconnait très-bien, à l'intérieur des parcelles talqueuses, et le toucher est savonneux comme celui des roches serpentineuses. La même collection cachait un autre échantillon encore plus concluant; c'est une hache intacte presque entièrement en prétendue néphrite, sauf un des côtés où il est resté une petite portion de la salbande serpentineuse de la veine; seulement, cette serpentine, aussi très-imprégnée de silice, est également très-dure.

» Ces veines, gris-cendré, opalines, doivent se trouver dans les serpentines du Valais, car les instruments qui en sont fabriqués se rencontrent dans la région de l'ancien glacier du Rhône, qui, comme on le sait, s'étendait jusque près de Berne.

» A Robenhausen, près de Zurich, dans la région du glacier du Rhin, on trouve aussi des haches dites en néphrite. Sur ce point, la prétendue néphrite est plus verte, plus savonneuse; c'est tout simplement de la serpentine fortement imprégnée de silice, comme j'ai pu m'en assurer à Genève dans la série des haches en pierre, que M. le professeur Vogt a réunie au cabinet de geologie.

» Les serpentines de l'Apennin contiennent également de ces quartz cendrés, talqueux, qui ont été recherchés par les populations de l'âge de la pierre. Au Musée de Florence existe une hache de ce quartz, trouvée par M. le professsseur Cocchi, dans la vallée de la Magra.

» Dans la vallée du Préno (Bolonais), en amont de Porretta, sur la rive droite de la rivière, on voit un petit massif de serpentine qui ne saurait laisser aucun doute au sujet de ces veines ou petits filons de quartz. Là, les fentes n'ont pas été entièrement remplies par la matière siliceuse; de sorte qu'il y a eu cristallisation, et l'on trouve de fort jolis cristaux de quartz très-réguliers, bien entiers, bi-pyramidés, qui sont pourtant tous nébuleux, et tous verdâtres, par suite de l'empâtement de particules talqueuses. C'est évidemment l'état de cristallisation de la prétendue néphrite suisse. »

Après un exposé de faits aussi clairs et aussi nets, il est impossible de continuer à soutenir que les habitants des Pfahlbauten sont allés chercher la néphrite en Orient.

ANTHROPOPHAGIE.

Nous décrivons les mœurs de sauvages; pourquoi ne retrouverions-nous pas chez eux les indices d'une coutume encore existant chez les peuples du Nouveau-Monde, celle de manger leurs semblables?

Nos recherches accomplies jusqu'à ce jour nous permettent d'établir certains faits intéressants, relatifs à cette sauvage habitude.

Dans la plupart des grottes de l'Ariége, que nous avons rapportées à l'âge de la pierre polie, gisaient des ossements humains. Rien n'avait été remanié; tout était en place dans le sol de ces grottes, comme le jour où les ont abandonnés les populations qui nous occupent.

A Bruniquel, à Lourdes, à Izeste, au milieu des os de renne, de bœuf, de cerf, etc, nous avons retrouvé, dans les mêmes conditions qu'à Bédeilhac, à Sabart, à Ussat, à Niaux, etc., des os d'hommes, en petit nombre il est vrai.

A Lherm, comme dans les grottes de même âge en Belgique, l'homme avait laissé des fragments de son squelette à côté de celui des ours, du rhinocéros et du mammouth, etc.

Voilà un fait général pour le Nord et pour le Midi de la France, Quelle en est la signification ? Nous allons l'examiner.

En Belgique, nous savons, d'après Schmerling, que les os humains du crâne, comme les os des membres sont cassés. Nous n'avons pas eu occasion de les étudier par nous-même ; il ne nous est donc pas possible de dire s'ils portent les empreintes d'un instrument tranchant, les stries décrites sur les ossements de tous les animaux dont l'homme a mangé la chair.

A Lherm, nous avons trouvé surtout des dents isolées, un péroné humain et quelques os cassés.

A Bruniquel existait une pièce des plus curieuses. La partie inférieure d'un frontal humain, avec une portion des os nasaux, paraît avoir été cassée comme le sont les os crâniens des ruminants. Des stries, ou entailles assez profondes, existent sur la face externe de ces os ; elles sont pareilles aux stries produites par les coups donnés avec un instrument de silex.

A Izeste, un cinquième métatarsien humain portait aussi trois à quatre stries sur l'une des faces ; il était dans le même état physique que les ossements de renne.

A Lourdes, M. Alphonse Milne Edwards a trouvé de nombreux ossements humains *cassés ;* il n'a pas étudié les stries.

Prévenus depuis longtemps en faveur de l'anthropophagie chez les peuples pré-historiques et anté-diluviens, nous avons mis tout notre soin à étudier les pièces trouvées dans les grottes de la vallée de Tarascon.

Nous ne mentionnerons qu'en passant un crâne presque entier et des os longs cassés retirés soit par M. Alzieu des Cabannes, soit par nous, de grottes de l'ours non encore décrites. Ces os ont appartenu à un individu qui a été mutilé comme les ruminants et les ours, puis sans doute rôti comme ces animaux. Les os, soit des uns soit de l'autre, sont blancs, happent à la langue et offrent tous les caractères physiques et chimiques des os calcinés, sonorité, absence de gélatine, ne répandant aucune odeur lorsqu'on en met des fragments sur le feu. Les stries sont rares ; il en existe sur les têtes d'humérus.

A Bédeilhac, plusieurs ossements, mais principalement des fragments de crânes et de mâchoires, fournissent matière à observation. Plusieurs, parmi les premiers, sont cassés comme ceux des bœufs, et présentent à peu près la même coloration et la même composition chimique que ces débris. Des stries fines se voient de temps à autre sur les faces externes ; elles sont cependant fort rares. Chose curieuse, on ne trouve que des occipitaux et des frontaux d'adultes. Que sont devenus les pariétaux et les temporaux ? Ont-ils été brisés ?

Une moitié gauche de mâchoire inférieure a subi une sorte d'écrasement à la partie antérieure, où l'os présente une cassure inégale et en forme de demi-rond.

A Sabart, à Niaux, à Ussat, les fragments de crânes consistent en os frontaux ayant appartenu à des enfants. Ils sont cassés comme ceux de Bédeilhac. Outre les fragments de crâne, Niaux et Sabart (Pounchut) nous ont donné, la première, un atlas humain aux ailes écrasées ; la seconde, un humérus humain cassé comme certains os longs des grottes.

Voici l'état exact dans lequel se trouve cet os, dont l'aspect est fort curieux.

Les deux têtes manquent ; la tête inférieure a été coupée obliquement au-dessus de la cavité olécranienne, dont il est possible de deviner la partie supérieure. On voit que la cassure est ancienne. La longueur totale de ce fragment osseux est de $16^{cm}5^{mm}$. Le long du bord interne, et à 28^{mm} au-dessus de la cassure inférieure, existe une entaille peu profonde, ayant à peu près un millimètre de large, produite par un instrument tranchant, mais mal aiguisé ; il est aisé de voir que la cassure supérieure est ancienne ; on n'y distingue aucun coup, aucune entaille. Chose on ne peut plus surprenante, cette extrémité a été rongée ; les empreintes des dents se voient sur les trois faces de l'os dans une longueur de 2 centimetres au moins. On est fort en peine pour dire si c'est la dent d'un animal carnassier qui a pu mâcher ainsi la substance osseuse, car les empreintes des dents n'ont pas pénétré aussi profondément que sur les os franchement triturés par un carnassier, les empreintes sont aussi un peu plus larges. L'homme pourrait bien les avoir produites.

L'os lui-même est d'un blanc sale, des concrétions calcaires, grises et blanches, forment des aspérités à sa surface; il est sonore, happe à la langue, paraît, en grande partie, privé de gélatine. Un grand nombre d'os, venant de la grotte de Sabart (Pounchut), sont dans les mêmes conditions physiques que le précieux débris que nous venons de décrire.

Des faits précédents il serait impossible de tirer encore une conclusion décisive ; nous nous contenterons, avec leur appui, de formuler la supposition suivante :

L'homme anté-historique a pu être antropophage.

Nous appellerons sur ce fait l'attention de tous les savants consciencieux et sérieux. Si des observations bien dirigées, indépendantes de toute idée préconçue, des observations libres, en un mot, comme celles du savant qui ne poursuit que la vérité, viennent corroborer les nôtres et transformer nos suppositions en certitudes, il sera permis alors d'aborder les grandes questions philosophiques vers lesquelles doit entrainer ce sujet.

RACE DES PEUPLES PRÉ-CELTIQUES HABITANT LES GROTTES.

Lorsque les premiers barbares décrits par l'histoire arrivèrent dans l'Occident de l'Europe, ils trouvèrent le pays occupé par un peuple qui leur était inconnu, et dont les caractères physiques et le langage différaient essentiellement avec ceux des nouveaux arrivants. Ceux-ci étaient grands, aux formes robustes et élancées ; ils avaient les yeux bleus, la chevelure blonde, le crâne ovale. Francs et courageux, ils se lançaient tête baissée au combat, attaquant leurs ennemis sans ruse, comptant sur leur force individuelle plus encore que sur leur adresse.

Hommes petits, trapus, bruns, aux yeux noirs, dont le crâne rond couronnait une figure plate et large, remplis d'agilité et de ruse, tels on dépeint les habitants anté-historiques de l'Occident. Les premiers, c'étaient les Celtes, avant-coureurs de ces nombreuses hordes ariennes, dont le flot irrésistible allait bientôt s'avancer. Les seconds, c'étaient les Ibères à l'origine encore ignorée, peut-être autochthones, peut-être venus aussi d'Orient. Entre ces deux peuples allait s'ouvrir une guerre acharnée. Les lois de « la concurrence vitale » avaient armé les Celtes contre les Ibères : le bras du plus fort allait enchaîner celui du plus faible; la civilisation allait faire cesser l'état sauvage.

Nous ne saurions entreprendre ici l'étude crâniologique de tous les peuples anté-historiques de l'Occident. Les observations sont loin d'être suffisantes pour un pareil travail, qui sortirait, du reste, des limites que nous nous sommes imposées. Il faut borner notre examen à celui des restes humains trouvés dans les grottes de l'âge de la pierre polie.

Comme l'œil du maître peut mieux que celui de l'élève juger les faits que celui-ci recueille, nous n'avons pas voulu nous fier à notre faible expérience pour décider si les fragments de crânes venus des grottes que nous étudions appartenaient à des Celtes ou à des Ibères. L'honorable et illustre Président de la Société d'anthropologie de Paris, le docteur Pruner-Bey, ce savant, aussi complet que modeste, nous sommes fiers d'ajouter notre confrère et notre ami, a bien voulu étudier les nombreuses pièces que nous lui avons confiées. Voici la description qu'il a eu la bonté de nous transmettre et de nous autoriser à publier.

1° *Bédeilhac.* — Os frontal gauche : grisâtre, lourd, non happant à la langue, moins épais qu'un même fragment appartenant à l'époque de l'ours des cavernes. Largeur de la cavité orbitaire = 35^{mm}; fortes impressions à la surface interne de l'os; glabelle peu saillante et configuration du front comme dans une autre face (1); arcs sourcillés peu prononcés; front bas; crête temporale peu saillante; épaisseur, 5^{mm} 5.

Fragment frontal très-petit de la base, d'un jaune de cire; glabelle et arc sourciliers fort saillants, réunis à angle obtus, comme, en général, chez les anciens brachycéphales; même conformation du front, qui paraît avoir été

(1) Cette face, à laquelle il est fait allusion, ne doit pas être décrite ici; elle date de l'époque de l'ours, et appartenait à un brachycéphale

droit; épaisseur de l'os, au milieu, 8mm; racine nasale en haut, large de 27mm, échancrures à la place du trou sus-orbitaire.

Fragment d'un occipital gris, très-pesant et très-épais; moindre épaisseur 8mm. Les contours de cet occipital paraissent cassés, l'angle lambdoïde obtus; saillie étroite de la bosse occipitale, comme chez les Celtes; ligne des demi-circonférences externes assez développées; dépressions latérales au-dessous de l'inférieure; lobe gauche du cervelet saillant. Hauteur : à la bandelette 125mm ; en ligne droite, 104mm.

Rameau gauche de la mâchoire inférieure, couleur de cire, très-semblable à la précédente (1); seulement l'angle est moins déjeté en bas. Le condyle est *épais, très-étroit et terminé en cône émoussé.* Cette mâchoire est très-ressemblante à celle de *Moulin-Quignon;* elle serait identique si son angle était également rentrant : épaisseur, jusqu'à 17mm; largeur, 88mm; hauteur de la branche montante 57mm.

2° *Ussat.* — Frontal droit d'un enfant : front bas; profondes impressions au-dessus de la région orbitaire; largeur de la racine nasale, au moins 26mm; largeur de l'orbite 32mm; épaisseur de l'os, 3mm 5, peut-être brachycéphale.

3° *Niaux.* — A tous égards semblable au précédent, seulement le front paraît plus élevé; très-jeune; largeur de la cavité orbitaire, 33mm.

4° *Sabart* (*Pounchut*). — Nous pouvons ajouter aux fragments décrits par M. Pruner-Bey un côté droit d'occipital d'enfant pareil encore aux précédents, peut-être brachycéphale.

M. Pruner-Bey résume la description en disant :

Présence d'une race brachycéphale à face touranienne, et sa prédominance sur l'arienne.

Cette race se relie dans l'espace aux habitants des bords de la Méditerranée, des lacs de la Suisse.

Dans le temps, elle doit avoir précédé la race arienne, puisque ses traces se trouvent dans le *diluvium.*

(1) La mâchoire à laquelle il est ici fait allusion vient de la plaine d'Arignac, près Tarascon ; elle appartenait à un pur brachycéphale. Ce gisement nous occupera plus tard.

Telle est l'opinion de M. Pruner-Bey, que nous admettons d'une manière complète. Le type dominant dans les débris humains fournis par les grottes de la pierre polie appartiennent à l'homme brachycéphale, à crâne rond. Cet homme, c'était l'Ibère, c'était le Basque. Pour nous, qui vivons au milieu des Pyrénées, qui rencontrons à chaque instant le type basque parmi les populations dont nous sommes entourés, qui mesurons souvent leurs crânes, qui avons pu, enfin, suivre dans leurs détails la vie, les mœurs de gens représentant le type ibérien, il n'y a pas de doute, l'Ibérien, le Basque est le peuple ayant spécialement habité les grottes récentes des Pyrénées. Dans un prochain travail, nous en donnerons les preuves les plus concluantes.

Fixer à ces peuples une date même approximative, n'est pas aisé. Cependant il est possible de voir que leur origine se perd d'une manière complète dans la nuit des temps.

M. Adolphe Garrigou a publié, en 1855, sur les habitants primitifs de l'Ariége, un travail que l'Institut jugea digne de ses palmes. En voici le fond :

Lorsque Jules César arriva dans les Gaules, il fut arrêté, dans le midi de la France, par un peuple faisant partie de l'Aquitaine, et qui, suivant quelques modernes, n'aurait eu ni nom ni individualité comme tribu.

Un peuple post-celtique, dans une région autrefois envahie par les hordes ariennes et dépourvu de nom à l'époque où César faisait la conquête des Gaules, est une chose contre nature et inadmissible. La civilisation avait fait un pas immense avec l'arrivée des Celtes, et les premiers soins des vainqueurs avaient été de distinguer par un nom les différents pays dans lesquels ils s'installaient. Les Indiens les plus sauvages ont leur nom et leur individualité. Les peuples que César venait combattre étaient incontestablement divisés en tribus qu'une dénomination souvent même significative devait distinguer des tribus voisines.

La tribu qui, pendant plusieurs années, mit obstacle à l'invasion romaine dans le midi des Gaules, César nous la fait connaître. Ce n'étaient ni les *Garumni*, ni les *Ausci*, c'était la tribu des *Sotiates*. Telle on la nommait dans le pays, telle la nomme César.

On a bien prétendu que les Sotiates habitaient le pays entre Eause et Basas; mais cette opinion tombe devant les termes si formels de César ; il fait les

Sotiates limitrophes du territoire de Toulouse, de Narbonne et de Carcassonne. Comprendrait-on, d'ailleurs, que Manilius, son lieutenant, voulant aller de Narbonne à la Sègre, eût cherché les Aquitains du côté de Basas, à travers les contrées où n'avaient jamais paru les aigles romaines? Est-ce que les Elusates ou les Vocates ont été limitrophes, *finitimæ*, du territoire de Toulouse, de Carcassonne et de Narbonne? La route naturelle de Manilius et de l'armée romaine, pour franchir les Pyrénées et pour aller sur les bords de la Sègre, était de suivre la vallée de l'Ariége et de passer les cols de Puymorens ou de Siguer.

La description que César nous a laissé du pays traversé par Manilius s'accorde avec la situation géographique, hydrographique et stratigraphique du bassin de l'Ariége. Nous retrouvons, dans certaines particularités citées par l'auteur des Commentaires, des faits notoires propres exclusivement au sol, à l'industrie ariégeoise, ainsi qu'à ses produits.

Manilius fut défait par les Sotiates, et César dit que le pays où eut lieu la défaite de son lieutenant touche aux villes de Toulouse, de Carcassonne et de Narbonne, *finitimæ his regionibus*. Or, le bassin de l'Ariége, avec son appendice le bassin du Lhers, touche aux Carcasses et à Toulouse. César vante la cavalerie de ces contrées, *equitatuque quo plurimum valebant*. Les chevaux de l'Ariége sont encore fort prisés de nos jours.

Les gens de cette région, dit aussi le conquérant romain, sont habiles dans l'art des mines; car leur pays est sillonné d'exploitations métallurgiques. La vieille réputation des mines du comté de Foix reçoit ici une première et éclatante consécration. En effet, nulle contrée n'est plus riche en métaux, fer, plomb argentifère, cuivre, etc. Le baron Dietrich, dans son important travail sur la minéralogie et sur les forges des Pyrénées, cite un grand nombre de gisements exploités dans la plus haute antiquité.

Ainsi, tout ce que dit César du pays des Sotiates se trouve d'accord avec ce que nous connaissons du bassin ariégeois; rien ailleurs ne peut mieux cadrer avec les descriptions étendues renfermées dans les Commentaires. Puisqu'il reste démontré, par le texte même de ces Commentaires, que les Sotiates sont bien le peuple qui arrêta Manilius, on ne peut les placer ni au nord-ouest ni à l'ouest de Toulouse, mais sur la route qui pouvait conduire le plus directement possible l'armée romaine de Narbonne à la Sègre.

Ce n'est pas ici le lieu et le cas de discuter et de combattre les opinions émises sur la position des Sotiates. On les a placés, avons-nous dit, à Sos, entre Eause et Basas, au nord-ouest et à 300 kilomètres de Narbonne, et c'est encore la pensée de certains historiens ; mais cette opinion est sans fondement, et M. Adolphe Garrigou a démontré qu'elle était insoutenable. La fin de notre travail donnera, nous avons lieu de l'espérer, le coup de massue fatal à ces prétendus Sotiates d'Eause, et nous permettra de les rétablir dans leur véritable patrie, dans le bassin de l'Ariége, où l'historien du pays de Foix a prétendu, avec juste raison, qu'ils avaient arrêté pendant plus de 20 ans les légions romaines.

Qu'étaient ces Sotiates ; d'où venaient-ils ?

César nous les dépeint exploitant des mines de cuivre et de fer et travaillant ces métaux. Historiquement, nous savons que les Ibères habitaient le midi de la France, les Pyrénées et l'Espagne, lorsque les Celtes et les Kimris envahirent l'occident de l'Europe. Tout semble concorder aujourd'hui pour démontrer que ces derniers peuples ont introduit dans l'Occident l'usage des premiers métaux connus, du bronze et du fer. Victorieux sur tous les points, les peuples ariens durent se confondre bientôt avec les opprimés, la civilisation la plus parfaite imprimant en partie son cachet au nouveau peuple métis qui venait de se former. Mœurs, coutumes, habitudes, religion, croyances, langages, rien ne dut disparaître entièrement soit chez l'un, soit chez l'autre des deux membres de cette grande fédération ; l'histoire de tous les peuples permet de le supposer.

Depuis le moment de cette fusion jusqu'à l'arrivée de César, aucune grande invasion amenant un élément différent du Celte n'était venue changer le métissage celte-ibérien. Le nouveau peuple avait progressé ; sa civilisation avait probablement suivi une marche ascendante jusqu'à l'arrivée du conquérant des Gaules.

Les Sotiates qui arrêtent César sont donc une tribu du peuple formé par le mélange des Celtes avec les Ibères. Ils travaillent les métaux, bâtissent des villes, ont une armée ; la civilisation a chez eux d'antiques racines.

Pour le linguiste, le nom de Sotiate n'est pas un nom jeté au hasard sur ce peuple simplement comme signe distinctif, et remarquons aussi que ce ne sont pas les Romains qui le leur appliquent ; c'est bien celui par lequel ils sont connus chez eux. Dans la langue ibérienne, basque, qui a laissé une infinité de termes dans le vocabulaire même actuel du pays, le nom de *Sotiate* veut dire *habitant les grottes ; la grotte* s'appelle *soto*. Ce peuple, qui s'intitule *Sotiate, habitant les grottes*, nous pouvons l'affirmer par César, n'est nullement composé de gens vivant dans les cavernes au moment où le conquérant des Gaules vient l'assaillir chez lui. Il le trouve, au contraire, avec ses villes, ses châteaux-forts, sa cavalerie, son infanterie. Le bon sens veut que si l'on bâtit une maison, une ville, ce soit dans le but de l'habiter, et non pour aller s'enfermer dans un trou et y vivre en sauvage.

Mais puisque les Sotiates de César ne vivent pas dans les cavernes, pourquoi portent-ils le nom de *Sotiates, d'habitants des grottes ?* Nous pouvons donner une réponse bien naturelle.

Les Sotiates, ces composés Celtes-Ibériens, vivent dans un pays où les montagnes calcaires sont criblées de grottes. Ces grottes ont été habitées, nous croyons l'avoir suffisamment prouvé, à une époque pendant laquelle les métaux sont tout à fait inconnus, et pendant laquelle aussi on sait polir la pierre. Les fragments de crânes humains retrouvés dans ces grottes indiquent la présence d'un type brachycéphale, d'un type ibérien, d'un type basque, tel qu'il existe encore pur dans certaines régions.

C'étaient les Ibères, les Basques, ne taillant pas la pierre, mais la polissant qui, avant l'arrivée des Celtes, habitaient l'entrée des grottes ; c'étaient eux qui étaient les vrais Sotiates.

Arrivant avec les métaux, comme de tous les côtés on le prouve aujourd'hui, les Celtes viennent en Occident, envahissent le pays, soumettent les populations qu'ils y trouvent. Les Sotiates autochthones subissent le sort des peuples pré-celtiques qui vivent sous le même ciel. Frappés de l'habitude, nouvelle pour eux, qu'ont les vaincus de vivre dans les grottes, les Celtes consentent probablement à prendre le nom ancien de Sotiates, peut-être même avant que des villes soient bâties, et comme le prouvent des recherches que nous ferons connaître plus tard, quelque temps encore habitent-ils l'entrée des cavernes, néanmoins dans d'autres conditions que les Ibères. Peu à peu ils les abandonnent pour construire les villes et les forts ; et c'est en pleine marche d'une civilisation avancée que César trouve ces Sotiates aquitains, avec des armes en métal et des monnaies à l'effigie de leur roi ; race métissée et représentant les Sotiates autochthones et purs.

Les Sotiates d'Eause étaient loin de se trouver dans les mêmes conditions ; chez eux, pas de traces de grottes.

Ainsi, l'histoire, la crâniologie, la linguistique, la marche de la civilisation nous permettent d'arriver aux conclusions suivantes, pour la plupart données déjà à l'Institut :

Il y a eu dans les Pyrénées ariégeoises (et sans doute aussi dans le reste de la chaine), une population anté-historique dont les mœurs et la civilisation étaient semblables à celles des populations de l'âge de la pierre suisse. Ces peuples habitaient l'entrée des cavernes les plus saines, les plus spacieuses, se nourrissant de la chair des animaux, qui abondaient dans le pays, peut-être même étaient-ils antropophages. Ils fabriquaient des armes avec les os les plus résistants, ainsi qu'avec les roches les plus dures qu'ils polissaient. Ils cultivèrent probablement le froment comme leurs frères de la Suisse, et c'est à sa trituration qu'étaient sans doute destinées les nombreuses meules que nous avons découvertes. Les métaux leur furent inconnus.

Leur type est représenté par celui des Basques actuels, mais purs ; ils étaient Ibériens et Brachycéphales.

Leur nom de Sotiate, nom ibérien, encore employé dans la langue basque, permet de dire qu'ils parlaient, qu'ils avaient des mots, et probablement aussi une syntaxe.

L'histoire n'enseigne rien sur ces peuples formant l'une des phases de la civilisation. Le nom de peuples pré-historiques leur a donc été donné avec juste raison.

Ils sont envahis par un autre peuple qui apporte chez eux l'usage des métaux, qui fait cesser leur vie nomade, leurs habitudes sauvages. Mélangés, fondus, ils bâtissent des villes, et arrêtent les aigles romaines, pendant plus de vingt ans, à la porte de leur pays.

RELIGION.

Il nous est impossible de donner le moindre détail sur les rites religieux des peuples pré-historiques, ainsi que sur le mode de sépulture employé pendant l'époque de la pierre polie. Rien n'a pu nous mettre sur la voie de découvertes utiles pour traiter ce sujet.

Peut-être les pierres druidiques de Sem, de Lapége, de Sabart, de Tarascon, d'Amplaing, du Mas-d'Azil, etc., étaient-elles destinées à des cérémonies religieuses. Plusieurs de ces dolmens ont été fouillés déjà depuis longtemps, et nous ne connaissons pas le moindre détail sur les objets qui y ont été trouvés.

PEUPLES HABITANT ACTUELLEMENT LES CAVERNES.

Les peuples vivant à notre époque dans les cavernes d'une manière constante sont bien rares. En Afrique, quelques peuplades arabes habitent les grottes accidentellement. Il n'existe pas de description touchant les mœurs de ces retardataires en civilisation.

En Egypte, quelques tribus se logent dans les cavités sépulcrales dépouillées dans ce but de leurs momies. Le docteur Ernest Godard, ami bien regretté de l'un de nous, a pu visiter ces tribus. M. Ollivier Beauregard, dans une notice sur la collection archéologique que notre malheureux confrère avait rapportée de la Haute-Egypte, cite une lettre de ce dernier à sa mère, dans laquelle il s'exprime ainsi :

« J'ai visité le village de Gournah » (Gournah est un des villages qui avec Medinet-Abou, sur la rive gauche du Nil, et Louqsor, Karnak, Med-

Amou sur la rive droite, occupent une partie de l'emplacement de l'ancienne Thébes).

« Les habitants se logent, pour la plupart, dans les tombeaux dont ils ont évacué les momies. Par là, du reste, ce que j'ai vu de plus intéressant, ce sont les tombeaux et les puits à momies. Ces puits sont creusés dans le flanc de la montagne.

« Les habitants de Gournah n'ont d'autre industrie que la découverte des tombeaux.

» Ils délacent les momies, vendent les objets précieux qu'ils trouvent, et vivent ainsi de la dépouille des morts. »

Les habitants des pôles habitent aussi des souterrains pendant la plus grande partie de l'année. Les récits des voyageurs sur leur genre de vie sont assez abondants pour que nous ne répétions pas ce qui a été décrit exactement par des témoins oculaires.

Comme on peut le voir par ces quelques lignes, l'habitat des grottes à notre époque, tel qu'il existait pendant l'âge géologique du grand ours et du renne, et comme il a eu lieu encore pendant l'époque pré-historique ou de la pierre polie, est bien restreint. Les habitations lacustres, au contraire, comme celles de la Suisse, correspondant à nos grottes de la pierre polie, se sont propagées dans la suite des siècles, et bien des peuples, depuis l'époque romaine jusqu'à nos jours, ont continué à habiter les lacs dans des habitations sur pilotis; tels sont les Irlandais et les Ecossais jusqu'en 1610 et 1715, les habitants actuels du Bosphore à Baboe, et à Soraglio, les Kamtchadales, les Coriaks, les chrétiens de Syrie au XIVe siècle, les Chinois voguant encore sur des villages flottants, les habitants de l'Océanie, des îles Carolines de Doréi, les Papous, les Mexicains avant leur conquête par les Espagnols, les Africains de la rivière Tssadda, qui vivent pour ainsi dire dans l'eau.

Pendant la période de la pierre polie dont nous venons de faire l'étude, il y avait aussi sans doute des habitations lacustres. Nous ne les avons pas encore étudiées, mais l'un de nous en connait actuellement cinq emplacements le long de la chaîne des Pyrénées. Peut-être les grottes étaient-elles habitées une partie de l'année, et les habitations sur pilotis pendant une autre époque déterminée, comme le font encore les Kamtchadales de nos jours. La suite de nos recherches apprendra ce qu'il faut penser de cette supposition. Quel que soit le résultat, il ne pourra jamais contredire notre assertion, aujourd'hui établie sur des bases solides, à savoir qu'il y a eu dans les Pyrénées, et surtout dans les Pyrénées ariégeoises une époque pendant laquelle l'homme ne taillait plus la pierre, mais la polissait, une époque antéhistorique correspondant aux plus anciennes stations lacustres de la Suisse.

EXPLICATION DES PLANCHES [1].

PLANCHE I.

FIG. 1. Cubitus de bœuf apointi et pouvant servir de poignard (Bédeilhac).
2. Cote de ruminant tranchante aux deux extrémités *(id.)*.
3. Os long de ruminant taillé quadrangulairement en forme de pointe *(id.)*.
4. 5. Sortes de têtes de lance ou de flèche en os *(id.)*.

PLANCHE II.

FIG. 1. Arcade zygomatique de grand ruminant taillée en forme de pointe (Niaux petite grotte).
2. Poinçon commencé (Niaux petite grotte).
3. Poinçon achevé *(id.)*.
4. Hachette en ophite polie *(id.)*.
5. Os taillé en forme de grattoir *(id.)*.
6. 7. 8. Dents de ruminants diversement apointies *(id.)*.
9. Poinçon *(id.)*.

(1) Tous les objets sont représentés de grandeur naturelle.

Planche III.

Fig. 1. Polissoir taillé dans une côte de grand ruminant, avec un trou destiné probablement à passer un lien pour suspendre l'instrument (Niaux petite grotte).
2. Côte de ruminant aplanie (id.).
3. Ciseau en os (id.).
4. 5. 6. Poinçons divers taillés dans des métatarsiens et des métacarpiens de chèvre et de mouton (id.).
7. Polissoir (id.).

Planche IV.

Fig. 1. Ciseau fabriqué avec une côte de ruminant (Niaux petite grotte).
2. Poinçon taillé dans un tibia de chèvre (Bédeilhac).
3. *id.* radius de chèvre (id.).
4. Ciseau taillé dans un os long et épais (id.).
5. Os taillé en forme de pointe. Un carnassier, le chien sans doute, a rongé et mâché cet os de manière à entamer le travail primitivement produit par l'homme (Sabart Pounchut).
6. Pointe osseuse taillée quadrangulairement (id.).
7. Dent de ruminant usée (Niaux petite grotte).
8. Tête de flèche en os (id.).

Planche V.

Fig 1. Grand poinçon taillé dans un tibia de chèvre (Eglises d'Ussat).
2. Sorte de poinçon ou d'aiguille en os (id.).
3. Crampon taillé tout d'une pièce dans un os plat et résistant (Bédeilhac).
4. Polissoir (Niaux petite grotte).
5. Poinçon (id.).

Planche VI.

Fig. 1. Vertèbre de sus scrofa dont l'apophyse épineuse a été enlevée, et servant peut-être d'amulette (Bédeilhac). — La collection de M. Boucher de Perthes renferme une vertèbre de cervus elaphus entaillée de la même façon, à très-peu près, et provenant des tourbières de la vallée de la Somme (âge de la Pierre polie). L'un de nous a pu étudier cette vertèbre avec le docteur Falconer.

2. Hachette en roche calcaire, seulement commencée, vue de profil (Sabart Pounchut).

3. Vue de la même hachette, le tranchant étant tourné vers l'observateur.

Planche VII.

Fig. 1. Cubitus de ruminant taillé en forme de couteau (Niaux petite grotte).

2. 3. 4. 5. Quartzites taillés à la façon des silex (*id.*).

6. 7. Hachettes en ophite vues de profil (*id.*).

6'. 7'. Vue de ces mêmes hachettes, le tranchant étant tourné vers l'observateur.

8. Pointe de flèche en schiste quartzeux (*id.*).

9. 10. Divers schistes quartzeux usés en forme de couteaux (*id.*).

Planche VIII.

Fig. 1. Grand fragment de quartzite taillé en forme de grattoir (Bédeilhac).

2. Hache en ophite polie, ayant peut-être servi à piquer les meules en granit (*id.*).

3. Vue de la même hache, le tranchant étant tourné vers l'observateur.

4. Hachette en ophite polie (*id.*).

5. Extrémité emmanchée de la hachette encore garnie de plâtre.

Planche IX.

Fig. 1. Peson de fuseau en argile micacée cuite au feu (Niaux petite grotte).

2. 4. Manches de haches en bois de cerf (*id.*).

3. 5. Les mêmes manches montrant les cavités destinées à recevoir les haches.

6. Aiguille en os (*id.*).

TABLE DES MATIÈRES.

Pages.

Généralités sur les Cavernes.......... 1

Grotte de Bédeilhac.......... 6

1° *Instruments en pierre*.......... 9

2° *id.* *os*.......... 11

Grotte des Eglises d'Ussat.......... 18

do Sabart (Pounchut).......... 20

— Inférieure de Sabart.......... 24

Petite grotte de Niaux.......... 24

Grande *Id.* 31

Grotte de Lombrives.......... 33

— de Fontanet.......... 37

— de Castel Andry.......... 38

— du Mas-d'Azil.......... 39

Résumé des descriptions précédentes. — Ensemble de l'histoire de l'homme pré-historique.......... 41

Mœurs et habitudes des peuples pré-celtiques.......... 44

Industrie.......... 48

Commerce.......... 58

Anthropophagie.......... 61

Race des peuples pré-celtiques habitant les grottes.......... 64

Religion.......... 72

Peuples habitant actuellement les cavernes.......... 72

Explication des Planches.......... 75

FIN DE LA TABLE.

Toulouse, Impr. Ch. Douladoure; Rouget frères et Delahaut, succrs, rue St-Rome, 39.

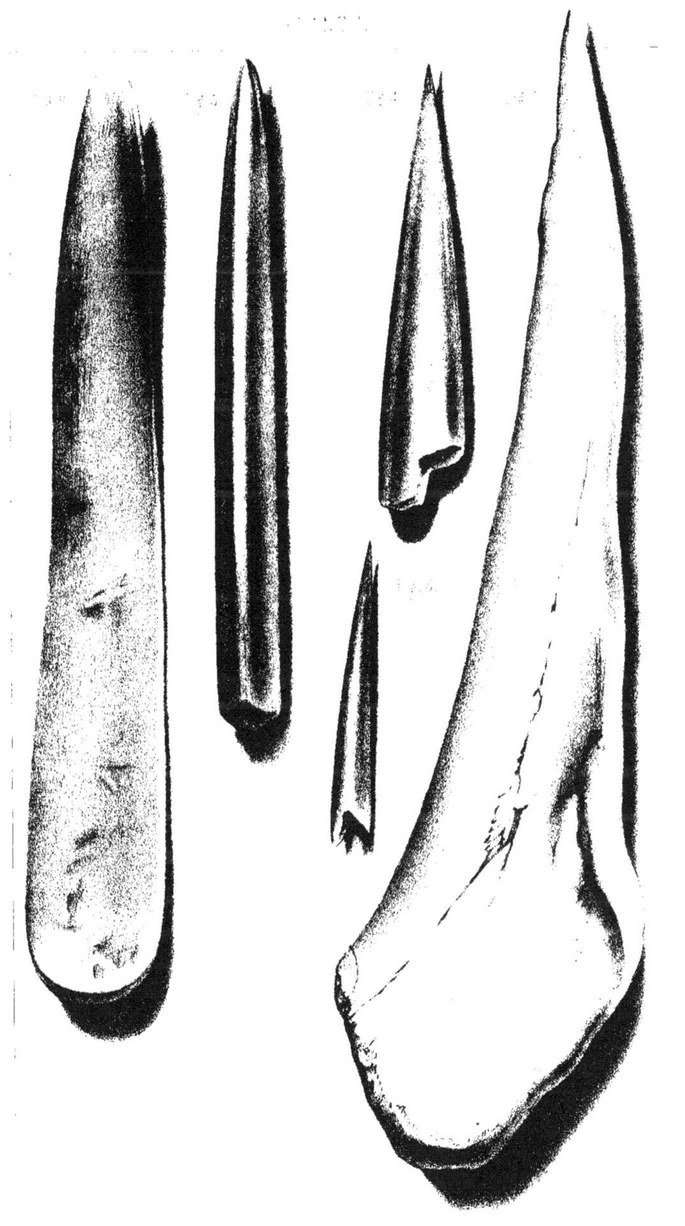

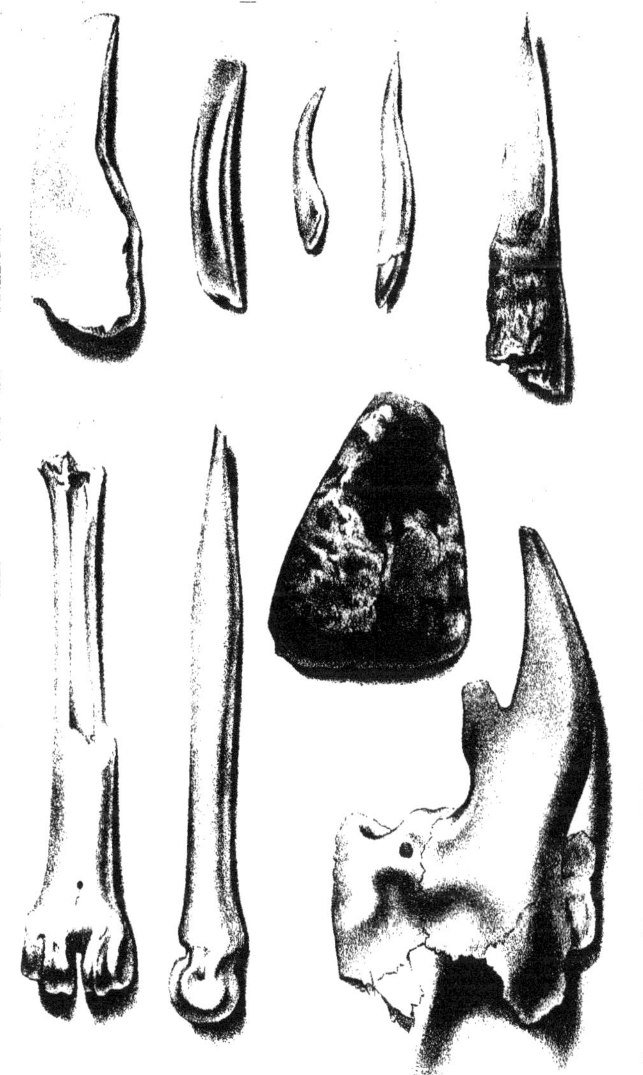

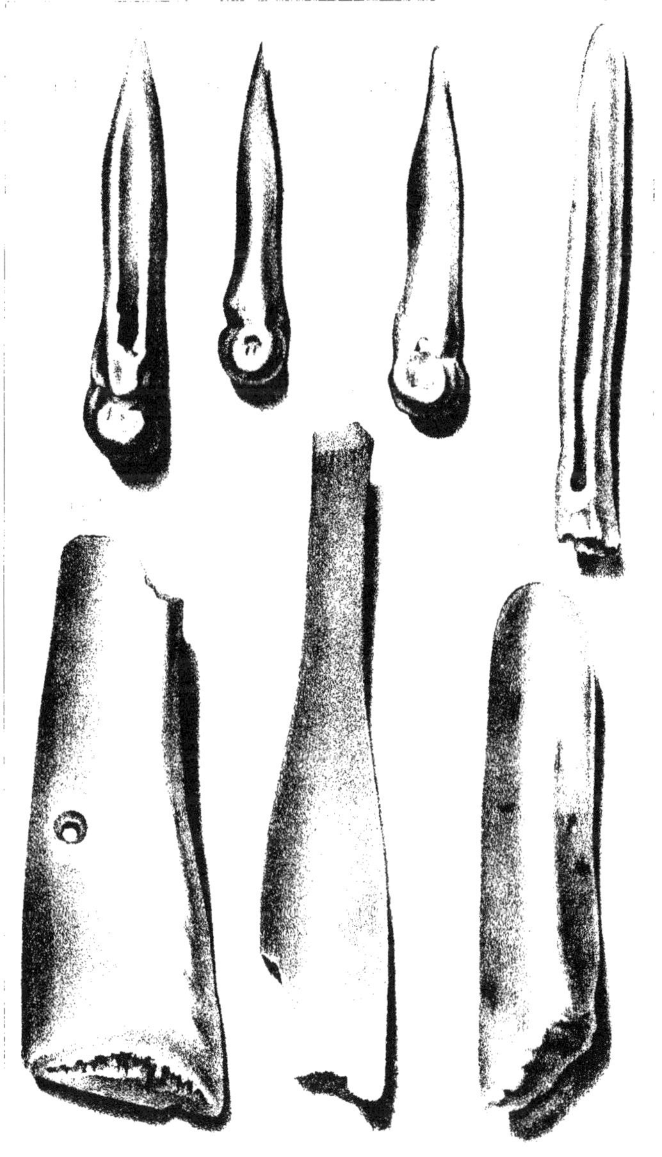

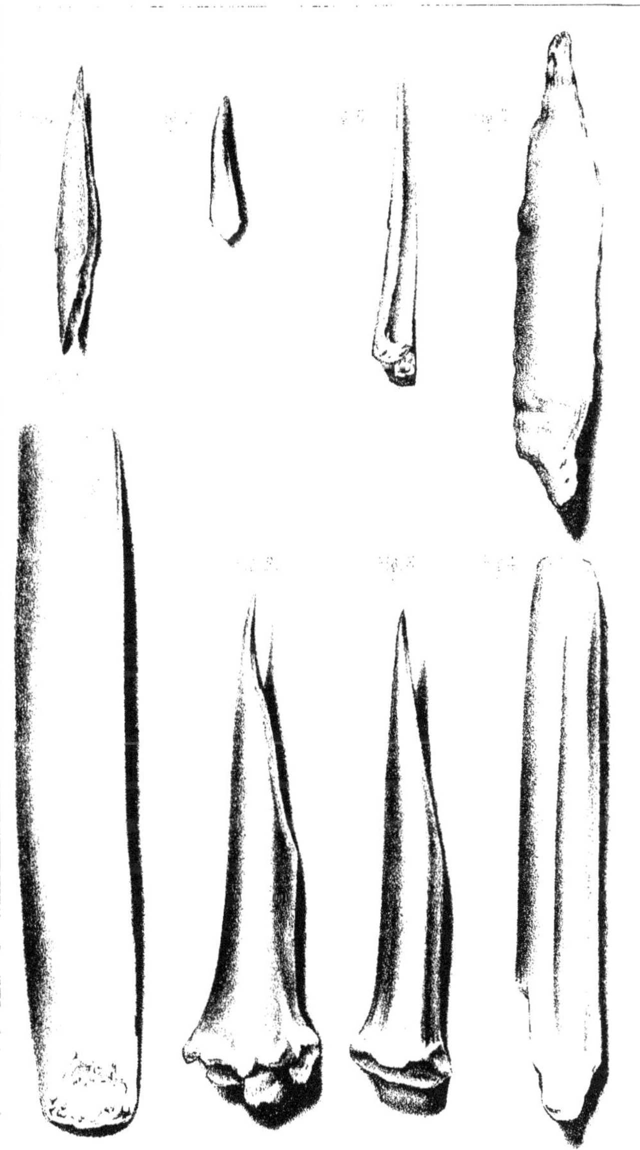

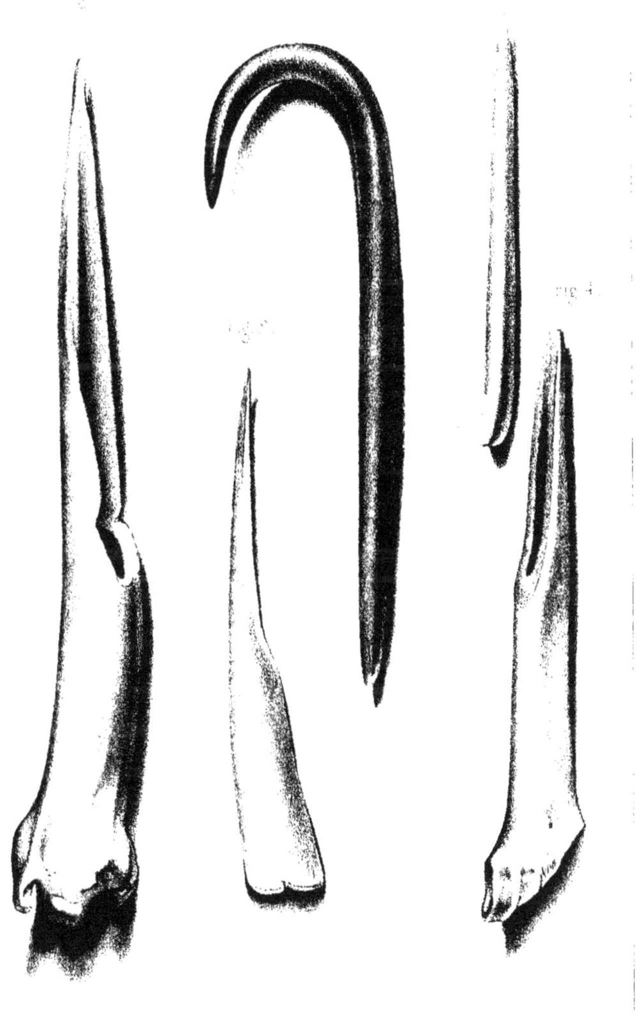

PLANCHE VI.

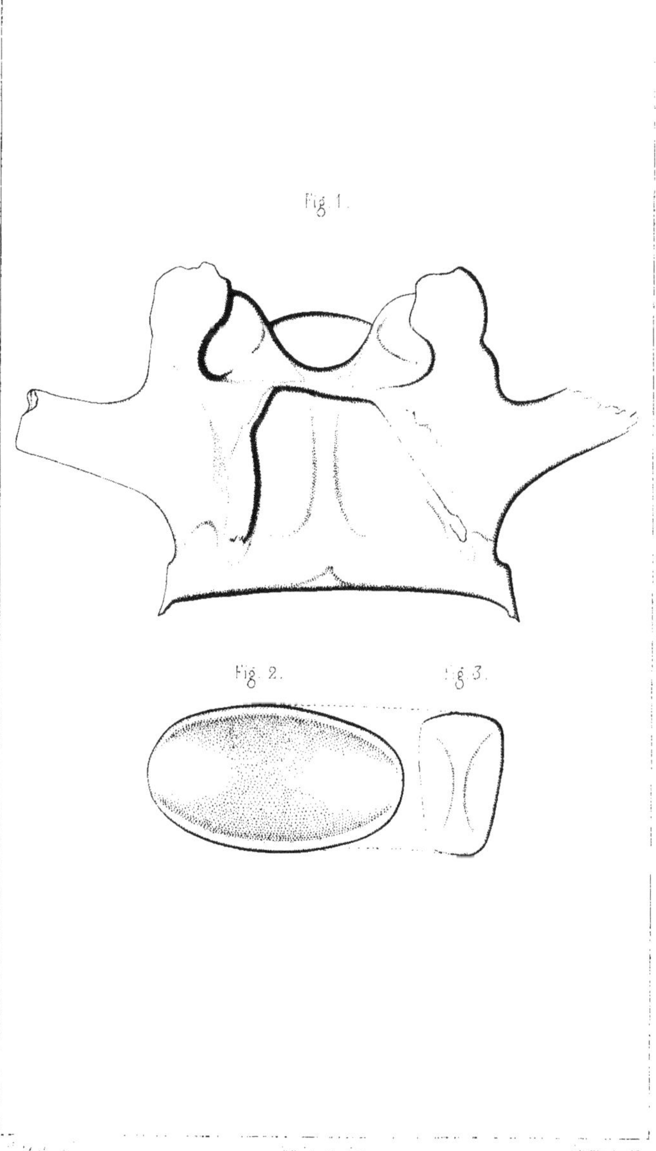

PLANCHE VII.

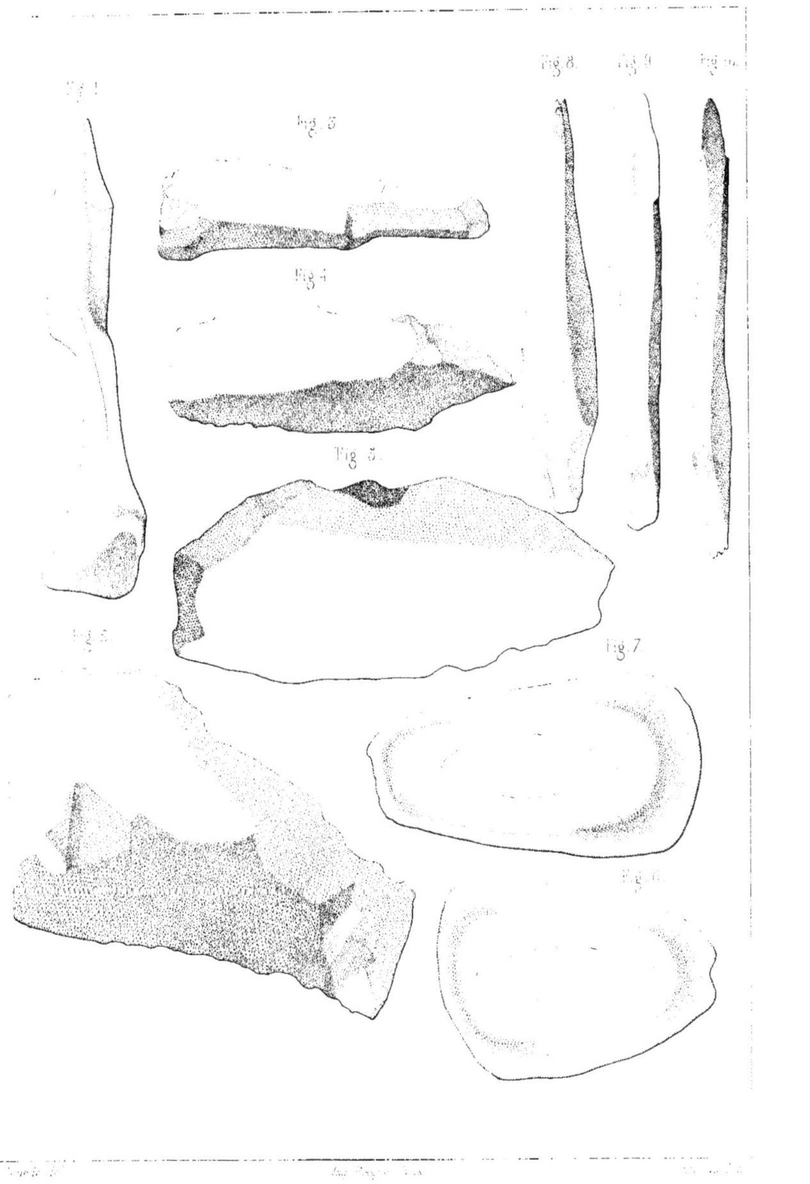

PLANCHE VII.

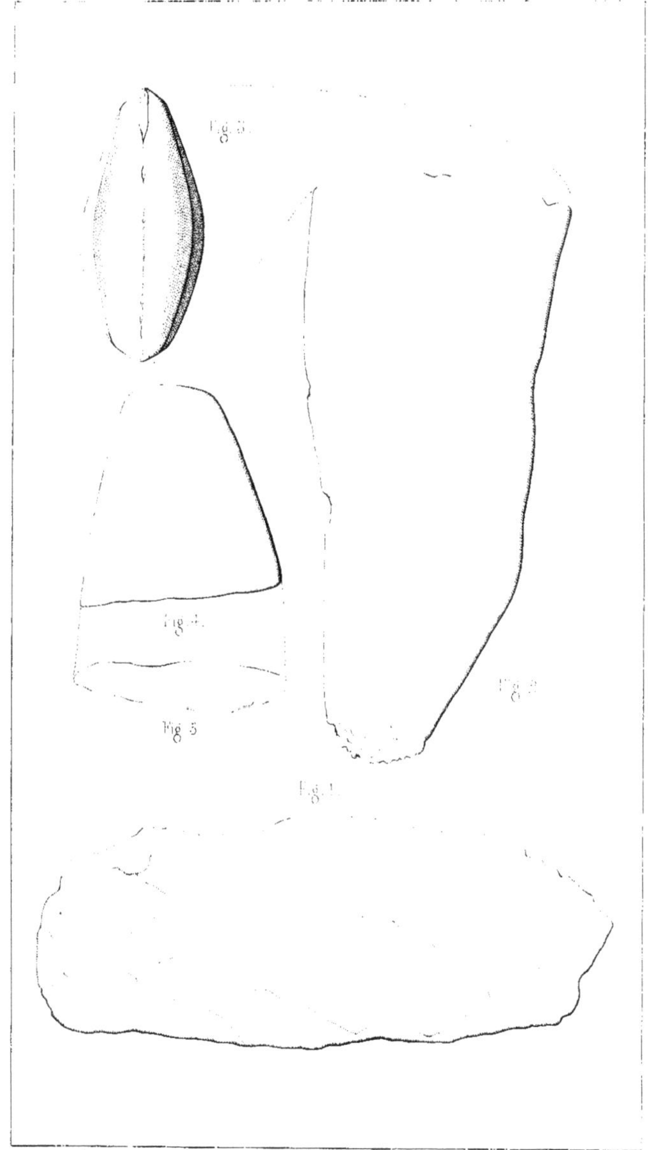

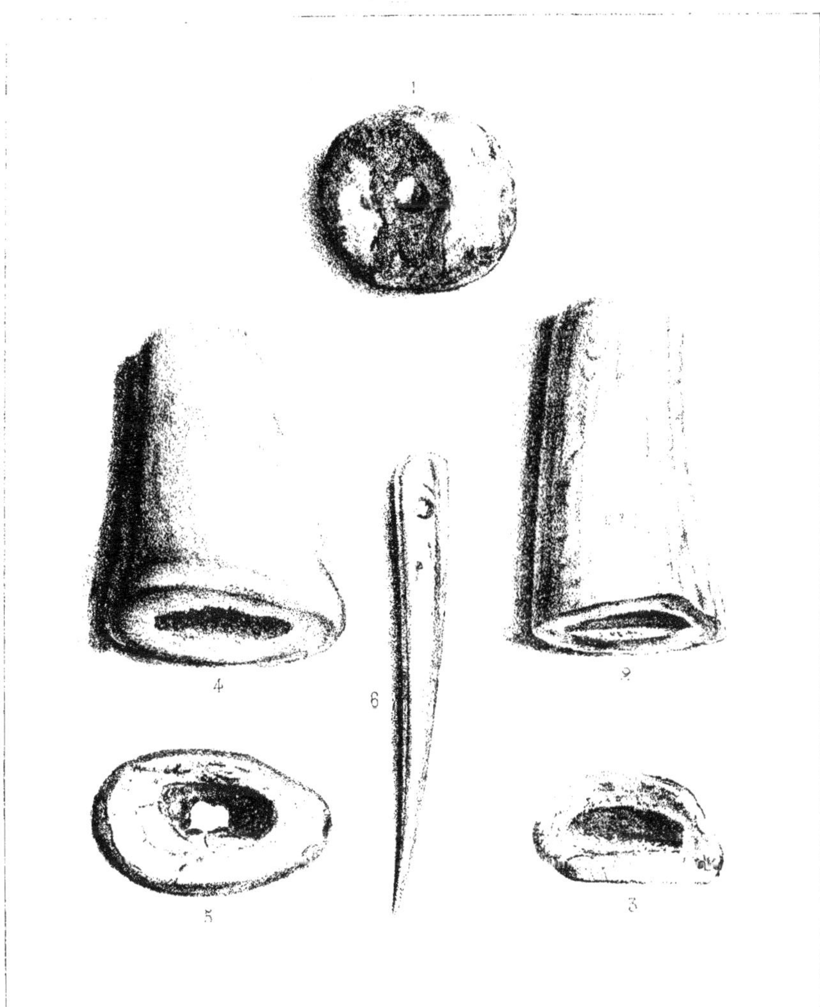
1
4
6
2
5
3

www.ingramcontent.com/pod-product-compliance
Ingram Content Group UK Ltd.
Pitfield, Milton Keynes, MK11 3LW, UK
UKHW021822190726
13853UKWH00003B/1122

9 782329 598543